NOUVELLES
LIBERTE'S
DE
PENSER.

A AMSTERDAM.

M. DCC. XLIII.

PIECES CONTENUES
dans ce livre.

AVERTISSEMENT.

On ne rendra point compte du caractere des Piéces que composent ce Recueïl, le lecteur en décidera; il suffit de dire qu'elles sont tirées avec choix du Cabinet d'entre plusieurs Manuscrits du même genre.

Quant au titre que l'on a donné à ce petit volume, & qui est le seul motif de cet avertissement, le lecteur pourroit judicieusement le critiquer par la raison que ce n'est pas d'aujourd'hui que de très-habiles gens ont pensé librement sur les matieres qui forment ce Recueïl. Mais on ne dissimulera pas que l'on a tenté d'en faire une espece de paralelle avec le livre de la liberté de penser de Monsieur Colins, & cela avec d'autant plus de fondement que ces deux ouvrages sont analogues : parce qu'ils supposent

supposent également un examen & des réflexions telles que l'homme qui commence à penser, est capable d'en faire. Aussi ces deux livres ont-ils le même but qui est de ne point donner une aveugle crédibilité à des mystéres qu'on ne sçauroit trop approfondir.

RE'FLEX.

RÉFLECTIONS SUR L'ARGUMENT DE *MONSIEUR PASCAL*, ET DE *MONSIEUR LOCKE*.

Concernant la possibilité d'une autre vie à venir.

UN de mes amis à qui je ne connois de vice qu'une incrédulité générale à l'égard de tout ce qu'on appelle religion ou verités révélées, prétend qu'il n'y a aucune de ces vérités qui ne se trouve entierement détruite par des raisonnemens métaphisiques, qui, selon lui, sont les seuls moyens infaillibles pour s'assurer de la vérité ou de la fausseté de quelque chose.

Nos conversations roulent toûjours sur quelqu'un des points les plus essentiels de la Réligion; comme: l'éxistence de Dieu, la spiritualité & immortalité de l'ame, la liberté de l'homme & il combat tous ces principes de la Religion par les raisons les plus specieuses & me reduit le plus souvent au point d'apeller la foi au secours de ma raison.

Ayant trouvé dans l'excellant traité sur l'entendement humain, de Monsieur * Locke le fameux Argument de Pascal, imaginé, au raport de Bayle, si je ne me trompe, par Arnobe & que Monsieur Locke a mis dans tout son jour, je crus que pour le coup j'aurois la raison pour moi, contre mon ami. En effet il n'y a rien de si fort que cet argument que voici. « Les

* L. II. C. 21. V. 7

« Les récompenſes & les peines « d'une autre vie, que Dieu à établi « pour donner plus de force à ſes « loix ſont d'une aſſez grande im- « portance pour déterminer notre « choix contre tous les biens ou « tous les maux de la vie ; lors mê- « me qu'on ne conſidere le bon- « heur ou le malheur à venir que « comme poſſible : de quoi perſon- « ne ne peut douter. Qui conque, « dis-je, voudra examiner qu'un « bonheur excellent & *infini*, peut « être une ſuite de la bonne vie « qu'on aura menée ſur la terre, ou « qu'un état oppoſé peut être le « châtiment d'une conduite déré- « glée, un tel homme doit néceſ- « ſairement avoüer qu'il juge très- « mal s'il ne conclut pas de là, qu'u- « ne bonne vie jointe à l'attente « dune félicité éternelle qui peut ar- « river, eſt préférable à une mau- « vaiſe vie accompagnée de la crain-

« te de cette affreuſe miſere, dans « laquelle il eſt fort poſſible que le « méchant ſe trouve un jour enve- « loppé : ou pour le moins de l'é- « pouvantable & incertaine eſperan- « ce d'être annitrilé. Tout cela eſt de « la derniere évidence, quant mê- « me les gens de bien n'auroient que « des maux à eſſuyer dans ce mon- « de, & que les méchans y goûte- « roient une perpetuelle félicité : « ce qui, pour l'ordinaire eſt tout « autrement. De ſorte que les mé- « chans n'ont pas grand ſujet de ſe « glorifier de la différence de leur « état ; par raport même aux biens « dont ils joüiſſent actuellement ; ou « plûtôt, à bien conſiderer toutes « choſes, ils ont, je crois, la plus « mauvaiſe part, même dans cette « vie. Mais lors qu'on met en ba- « lance un bonheur infini avec une « infinie miſere, ſi le pis qui en « puiſſe arriver à un homme de bien,

« bien, ſuppoſé qu'il ſe trompe, eſt « le plus grand avantage que le mé« chant puiſſe obtenir, au cas qu'il « vienne à rencontrer juſte. Qui eſt « l'homme qui peut encourir le ha« zard, s'il n'a pas tout-à-fait perdu « l'eſprit. Qui pourroit, dis-je, être « aſſez fou pour reſoudre en ſoi« même de s'expoſer à un danger « poſſible d'être infiniment mal« heureux; de ſorte qu'il n'i ait rien « à gagner pour lui que le pur neant, « s'il vient à échaper à ce danger. « L'homme de bien, au contraire « hazarde le néant contre un bon« heur infini, dont il doit joüir ſi le « ſuccès ſuit ſon attente: ſi ſon eſ« pérance ſe trouve bien fondée, il « eſt éternellement heureux, & s'il « ſe trompe, il n'eſt pas malheu« reux, il ne ſent rien. D'un autre « côté ſi le méchant a raiſon, il n'eſt « pas heureux, & s'il ſe trompe, il « eſt infiniment miſérable. N'eſt-ce

« pas un des plus visible déréglement de l'esprit où les hommes
« puissent tomber, que de ne pas
« voir du premier coup d'œil quel
« parti doit être préféré dans cette
« rencontre.

Aucun de nos incredules n'avoit osé jusqu'ici attaquer cet argument. Je le proposai à mon ami, homme juste, chaste, charitable envers son prochain, dont les mœurs sont très-reglées & qui s'aquite exactement de tous les devoirs extérieurs qu'exige la probité la plus sévere. Pour son intérieur je n'en dirai rien; c'est à Dieu qui sonde les cœurs & les reins à en juger. Cet homme ayant un peu réflechi, me dit.

Proposez d'acheter pour un denier une éternité bien heureuse & d'éviter un malheur sans fin à un homme qui pense comme Virgile.

Felix qui potuit rerum cognocere causas.
Atque metus omnes, & inexorabile fatum.
Subjecit pedibus, strepitumque: acherontis avari.

Et qui croit être certain qu'il n'y a point d'autre vie après celle-ci, à prendre la chose à rigueur philosophique il vous dira que, quoi que vous ne lui demandiez qu'un denier, c'est acheter trop cher encore, le néant ou une chimére; & qu'il y a même moins de comparaison & de proportion entre un denier & un être non éxistent qu'il n'i en a entre un point & l'infini.

D'ailleurs, continuë mon Philosophe, par raport à la possibilité d'un état éternellement heureux ou malheureux, la situation de ce que Monsieur Locke appelle un homme de bien & un méchant n'est pas la seule qui existe dans la nature. Il peut y avoir des gens qui ont poussé la Philosophie au point de vivre dans une parfaite tranquilité dans ce monde, sans aucune persuasion d'une vie à venir, & même avec une forte persuasion du contraire. Entreprenez de tirer ces gens-là de cette situation, en faisant valoir l'argument de Monsieur Locke; ils vous diront sans doute, qu'il y auroit de la folie à sortir de cet état d'une parfaite tranquilité, dans laquelle consiste le souverain bonheur en ce monde, pour rentrer dans un autre plein de doutes, de crainte & d'incertitude: & comme c'est celui d'un homme qui professe la Religion Chrétienne aux termes de l'Evangile; ils vous diront que ce seroit pour eux la plus haute extravagance de prendre ce parti d'incertitude & de doute sur la

seule

ſeule eſpérance ou la crainte d'un avenir qu'ils regardent comme une chimere ; perſuadés qu'aucun des ſectateurs du parti que vous leur proposé, n'eſt arrivé, par ſa croyance ou par ſa foi, à ce point de tranquillité qui fait le ſouverain bonheur en ce monde ; à la quelle ils ſont parvenus eux-mêmes par le ſeul ſecours de la Philoſophie & de la raiſon dépoüillée des préjugés de l'éducation & de l'autorité. Je vous expliquerai plus amplement cette idée, ajoûta mon ami, en faiſant raiſonner un Philoſophe Payen.

Figurez-vous un Philoſophe Chinois, qui ne croit pas à une vie à venir (étant preſque tous dans ce ſiſtême) qui joint dans ſa façon de penſer d'un bonheur parfait en ce monde, & qui eſt moralement certain qu'il en joüira toute ſa vie.

Representez-vous ensuite un Missionnaire zelé, qui entreprend de convertir ce Philosophe à la Religion Chrétienne.

Après s'être épuisé en raisonnemens pour prouver la vérité de son sistême sans qu'il ait pû emmener le Philosophe Chinois à son but le Missionnaire conclut en disant : quand même tout ce que je vous ai fait voir concernant la certitude d'une vie à venir, ne seroit pas aussi axactement vrai & évident, que je vous l'ai démontré ; toûjours ne sauriez-vous disconvenir, que ce que je viens de vous exposer, comme vrai & évident, ne soit au moins possible. Je ne saurois douter que cette possibilité ne frape un homme comme vous qui sait réflechir & raisonner, & qui sait juger de ses véritables interêts. Dans ces vûës, permettez-moi de vous raporter ce qu'un de nos plus grands Philosophes

losophes a pensé sur cette possibilité.

Supposez aprésent que le Missionnaire, aprés avoir exposé l'argument en question, dans toute sa force au Philosophe Chinois, lui dit en homme qui se croît déja sûr de sa victoire ; ce raisonnement n'est-il pas convaincant & sans réplique? Votre raison peut-elle refuser de se prêter à tant de lumieres & d'évidence.

Figurez-vous maintenant que le Chinois répond ainsi au Missionnaire.

Vous ou votre Philosophe, posez en fait dans votre raisonnement, deux propositions qui me paroissent également douteuses.

La premiere est que personne ne peut douter de la possibilité de l'évenement que vous venez de m'anoncer.

La deuxiéme est que cette seule possibilité présumée doit me déterminer à prendre le chemin que vous m'indiqué.

Mais je vous dirai, continuë le Chinois, qu'il me paroît que ne connoissant point la mesure de la puissance ni de la volonté de la cause premiere, de laquelle, dites-vous, dépendent tous les contingens; & la nature même, de cette cause premiere nous étant absolument inconnuë, il en résulte que nous ne saurions rien déterminer ni pour ni contre la possibilité des contingens, & surtout dans les choses qui sont au-dessus de la porté de notre raison; ainsi notre esprit ne peut rester à cet égard que dans un parfait équilibre ou tout au plus dans le doute.

Or cela posé, votre argument donne naturellement lieu à cette question; savoir: s'il est raisonnable

ble que dans le doute où je suis, je doive me déterminer d'aller plûtôt à droite qu'à gauche.

Quant à moi je pense que le doute ne peut ni ne doit faire d'autre effet sur un esprit raisonnable, que de le porter à éxaminer avec attention s'il est plus probable que le contingent qu'on lui présente, ou qu'il envisage lui-même comme possible soit un être réel ou chimérique, & que si de la réalité de ce contingent dépend sa félicité ou son malheur, il ne doit se déterminer qu'en conséquence de l'examen serieux & des comparaisons éxactes qu'il aura faites; pour juger avec certitude, s'il est plus probable que le contingent arrive ou qu'il n'arrive pas.

On doit prendre ce chemin, selon la droite raison, d'autant qu'on a un interêt sensible à ne pas se tromper dans son choix si on risque un bien

bien réel, supposé qu'on se trompe en changeant d'état.

Mais s'il n'y a rien à risquer & tout à espérer en prenant plûtôt à droite qu'à gauche, c'est-à-dire en prenant le parti qu'on lui propose, il est évident qu'il seroit fort au suprême degré s'il hésitoit un moment à prendre ce parti quelqu'incertain qu'il fut d'arriver par ce moyen au bien qu'il se seroit offert à sa vûë.

Supposé qu'il n'y eût dans une lotterie qu'un seul billet noir, qui vaudroit notre Empire de la Chine, contre cent millions de billets blancs; un homme à qui on offriroit de tirer gratuitement un billet seroit fou s'il le refusoit par la seule raison du peu d'aparence qu'il y a qu'il tirera précisément le billet noir.

Ce n'est pas le cas dans lequel je me trouve à l'égard de votre sistême, mais avant que de vous le faire

re

re comprendre je dois faire une seconde observation sur l'argument de votre Philosophie. Il divise les hommes en gens de bien & en méchans. Cette division ne me paroît pas bonne à l'égard de ce qu'il veut prouver : j'estime que par cette division il ne peut rien prouver contre moi. Il auroit bien mieux fait de diviser les hommes en ceux qui sont persuadés de la verité de votre sistême, en ceux qui en doutent & en ceux qui le croïent faux.

Je conviens cependant que dans votre façon de parler ceux de la premiere classe sont tous reputés gens de bien. Mais je soutiens que dans la deuxiéme & dans la troisiéme, il peut y avoir autant de gens de bien que de méchans.

Si par la définition d'un homme de bien vous entendez celui qui croît la verité de votre sistême & un méchant celui qui en doute ou qui le le croit faux je ne conviens pas de votre définition & sur ce pied-là nous disputerons fort inutilement.

Mais si jugeant sans préjugés vous apellez un homme de bien celui qui est humain, charitable, juste & un méchant celui qui en tout ou en partie est taché des vices contraires à ces vertus nous sommes d'accord.

Je conviens maintenant qu'un méchant pour peu qu'il soit capable de raisonner doit sentir qu'en tant que méchant il péche essentiellement contre les inspirations de la raison naturelle.

Si ce méchant croît la vérité de votre sistême; s'il le croit possible, ou s'il en doute seulement en posant pour principe qu'un bonheur excellent & infini peut être une suite de la bonne vie qu'on aura menée sur la terre ou qu'un état opposé c'est-à-dire un malheur infini, peut-

peut-être le châtiment d'une conduite déréglée, il doit convenir nécessairement je l'avoüe, qu'il jugeroit très-mal s'il ne concluoit pas de là qu'une bonne vie, jointe à l'attente certaine d'une éternelle félicité qui peut arriver, est préférable à une mauvaise vie accompagnée de la crainte de cette affreuse misere dans laquelle suivent la suposition, il croît fort possible que le méchant se trouve un jour enveloppé pour le châtiment de ses crimes.

Mais vous voyez que cet argument ne porte que contre un méchant persuadé de la vérité de votre sistême ou qui doute au moins de sa possibilité; qui vit par conséquent dans un état d'incertitude & de crainte. Il ne porte aucunement contre un homme de bien absolument persuadé de la fausseté de votre sistême, qui par conséquent n'a n'a rien à craindre & qui n'a aucun motif raisonnable pour le déterminer à changer un état de vie dont il a tout lieu d'être content.

Je sens bien que vous m'opposerez ici deux choses conséquemment à votre sistême.

1°. Qu'il ne suffit pas d'être homme de bien dans le sens que je crois l'être pour n'avoir rien à craindre par raport à une autre vie à venir.

2°. Qu'il est question de savoir, si après les preuves que vous m'avez donnés de la verité de votre sistême, je puis perseverer dans la persuasion qu'il est faux avec assez de confiance pour risquer un évenement possible aussi redoutable que l'est celui que vous me prechez.

Je conviens que l'objet que vous me présentez est assez important pour mériter les attentions les plus sérieuses. Mais voulant agir en homme sage, je ne saurois me déterminer

ner ni prendre un parti que sur la validité ou non validité des preuves que vous me donnerez en faveur de votre sistême.

Jusqu'ici vous ne m'avez nullement persuadé, & plus j'examine le plus ou le moins de probabilité qu'il y a que l'éxistence de cette vie à venir que vous me prêchez comme une chose certaine, soit seulement possible, plus je me trouve porté à croire que ce n'est qu'une belle & spécieuse chimere. Et dans cet état j'estime que la raison fondée sur la grandeur de l'objet, c'est-à-dire sur ce que j'ai à gagner si je rencontre juste & sur ce que j'ai à perdre si je me trompe; n'est pas suffisante pour me déterminer à adopter votre sistême & à changer d'état de vie dont j'ai tout lieu d'être content.

Il est question ici dans le fond d'une espece de jeu ou de hazard, puis

puis que l'évenement dont vous me parlez est fort douteux au moins à mon égard, & qu'il s'agit d'opter entre deux chemins dont personne ne connoît véritablement les issuës qui peuvent cependant être très-différentes ; & qu'on suppose enfin qu'il y a infiniment à gagner ou à perdre en se trompant ou en ne se trompant pas au choix que l'on fera.

Supposons maintenant, par une comparaison sensible, qu'on mette entre les mains d'un enfant les 24. caracteres d'Imprimerie qui forment les 24. lettres de lalphabet pour qu'il les arrange à sa fantaisie.

Dans cette supposition, je vous demande lequel des deux seroit censé faire le pari le plus inégal ou de notre Empereur qui offriroit de parier tout son Empire contre une Piastre, que cet enfant ne rangera

pas

pas du premier coup ces 24. lettres de lalphabet, ou d'un particulier, qui en acceptant ce pari, mettroit une Piastre contre tout cet Empire, en pariant pour l'affirmative ?

Oh ! cela n'est pas une question, dira un homme qui raisonnera sur le principe de votre Philosophe : car si l'Empereur gagne ce pari, il ne gagne qu'une Piastre, & s'il vient à perdre il perd un Empire qui lui vaut cent millions de Piastres, sans compter tous les agrémens & avantages qui sont anéxés à la possession d'un si vaste Empire. Il y auroit donc une grande imprudence à notre Empereur de faire un pari si inégal : au contraire si ce Particulier perd, il ne perd qu'une Piastre ce qui ne fait qu'un tres-petit objet & dont la perte ne peut l'incommoder beaucoup ; & s'il gagne, il gagne tout l'Empire de la Chine; il seroit donc fou s'il ne parioit pas.

Mais

Mais ce raisonnement n'est dans le fond qu'un pur sophisme que l'on appelle dans vos écoles dénom-nombrement imparfait suivant ce que j'ai lû dans vos livres : car pour se déterminer avec prudence à parier ou à ne parier pas, il ne suffit pas de mesurer la proportion ou la disproportion qu'il y a de la perte au gain. Mais il faut mesurer encore les degrés de probabilité qu'il y a dans l'espérance de gagner ce pari, ou dans la crainte de le perdre, & faire ensuite une comparaison exacte de la proportion ou disproportion qu'il y a de la perte au gain avec le degré de probabilité qu'il y a dans l'espérance ou la crainte de gagner ou de perdre ; ce n'est que par le résultat de cette comparaison que l'on pourra voir au juste, s'il convient de parier ou de ne parier pas.

Maintenant si je faisois voir à ce rai-

raisonneur superficiel que celui qui dans votre supposition voudroit parier pour l'affirmative; savoir: que cet enfant rangeroit du premier coup ces 24. lettres de l'alphabet dans leur ordre naturel, & qui mettroit une Piastre contre l'Empire de la Chine, joüeroit à un jeu qui auroit la même proportion que s'il mettoit 13000000000000000000000. Piastres contre une pour joüer à croix ou à pile; croyez-vous qu'il persistat à vouloir parier?

Il s'agit de prouver ce paradoxe, continuë le Chinois, & voici comme je m'y prend. Je suppose pour un moment que notre Empire raporte un milliard de Piastres tous les ans. Ce milliard évalué au denier cent fait cent milliards de fond. Il n'y a sans doute pas assez d'Or, d'Argent, de perles ni de pierres fines dans les quatre parties du monde pour remplir une somme si pro-

 digieuse

digieuſe que celle-là. Mais n'importe. l'Empereur, en faiſant ce pari, mettroit donc la valeur de cent milliards de Piaſtres, contre une Piaſtre? quelle diſproportion!

Mais arrêtons-nous là un moment; & voyons quel degré de proportion de probalité il y a entre le riſque de la perte & l'eſpérance du gain.

Un de vos Philoſophes, *le Pere Malbranche*. Dont vous m'avez communiqué les ouvrages, nous l'apprendra. Il ſoutient que la combinaiſon des 24. lettres de votre alphabet ſe peut faire en plus de 1300000000000000000000000000000000. maniere differentes, dont celle de les ranger dans l'ordre où vous les mettez ordinairement n'eſt qu'une. Entrez dans cette ſomme par cent milliards le produit eſt 1300000000000000000000000. d'où il réſulte la preuve de mon hypothèſe;

pothese; savoir que pour faire un pari égal, on peut parier 130000000000000000000000. contre un que cet enfant ne rangera pas du premier coup ces 24. lettres de l'alphabet dans leur ordre naturel.

Je sens bien, dit le Chinois, que si le sistême que vous me proposez est vrai, il y a une infinie disproportion entre ce qu'il y a à espérer & à craindre dans une autre vie, & ce qu'il y a à espérer & à craindre en celle-ci; & je conviens par conséquent, que, s'il n'y avoit que cette disproportion à mettre en ligne de compte, il faudroit être le plus insensé de tous les hommes, pour hésiter un moment à renoncer à tout ce que cette vie peut avoir de flateur pour arriver à ce que l'autre vie à venir fait espérer & pour éviter ce qu'elle fait craindre.

Mais ce n'est pas tout: il faut examiner aussi les degrés de probabilité qu'il y a que ce contingent arrive, ou que ce ſoit quelque choſe de réel, & en faire une exacte comparaiſon avec ceux qui prouvent que ce n'eſt qu'une chimere & comparer enſuite le réſultat avec la diſproportion mentionnée qu'il y a, entre ce qu'il y auroit à eſpérer ou a craindre dans une autre vie, en lui ſacrifiant ou en ne lui ſacrifiant pas ce qu'il y a à eſpérer ou à craindre dans ce monde, pour prendre enfin le parti que la ſaine raiſon & la prudence doivent dicter à quiconque ſait réfléchir ſur ſes véritables interêts.

Si par cet éxamen, il ſe trouve que l'événement que vous me prêchez ſoit certain, ou qu'il y ait un peu plus de probabilité qu'il puiſſe arriver, qu'il n'y en a qu'il n'arrivera pas, je vous avouë qu'il eſt ſenſiblement de mes intérêts de me ranger au parti que vous me conſeillez.

Mais

Mais s'il se trouve au contraire, que cet événement ne soit qu'une chimere, & une invention de la politique ou de quelqu'autre vûë interessée de la part de ceux qui le prêchent, cela changeroit de these du tout-au-tout : car il est évident qu'en ce cas-là, il y auroit plus de disproportion entre cette chimere & la réalité, quelque peu considérable qu'elle fut, que je sacrifierois inutilement pour courir après ce néant, qu'il n'y en a entre l'objet de crainte & d'espérance dans cette autre vie à venir, & celui des mêmes espérances & craintes de la vie présente qu'il s'agit de sacrifier ou de ne sacrifier pas à ce premier objet.

Je dis plus il n'y a même aucune comparaison à faire, pour en tirer la mesure de quelque proportion entre la réalité la moins sensible & le néant pur, ou la chimere au lieu qu'il y en a toûjours entre une réalité & une autre, quelque grande que soit la disproportion entre la mesure ou la valeur de l'une & de l'autre de ces deux réalités.

Les biens de ce monde, quelque dénomination qu'on leur donne, sont quelque chose de réel, au moins dans ma façon de penser; or si la certitude, par raport aux biens d'une autre vie à venir, que vous m'insinuez pour véritable ou pour probable tout au moins, n'est qu'une chimere; vous conviendrez vous-même qu'il faudroit que je fusse fou, de sacrifier la réalité de cette vie, à ne la regarder que dans son moindre dégré, à une chimere évidemment reconnuë pour telle, & cela pour la seule raison de la disproportion infinie que vous mettez entre les biens & les maux de cette autre vie & ceux de cette vie présente; vous conviendrez encore re que je ſerois fou à proportion de la grandeur ou de la meſure de la réalité que je ſacrifierois à cette chimere ou à ce néant.

Or je vous ſoutiens que, ſelon mon ſiſtême & en me conformant à celui que vous me prêchez, ce ſeroit ſacrifier toute la réàlité que je poſſede & dont je joüis pour courir après une chimere : ce ſeroit mettre tout d'un côté pour ne rien eſpérer de l'autre. Ce ſeroit faire une eſpece de pari encore plus extravagant & plus inégal que ne le ſeroit celui du particulier qui mettroit une Piaſtre contre l'Empire de la Chine à la condition marquée, & par conſéquent je ſerois donc fou au ſuprême degré.

Voici mon état préſent. Je me porte bien de corps & d'eſprit. Je vis indépendant & dans l'abondance ; Je ſuis moralement ſûr de mener cette même vie juſqu'à ma

mort.

mort. Ce que je possede m'est assuré, dussai-je aller jusqu'à cent ans, je ne désire ni n'espere rien audelà; je suis donc parfaitement heureux : car quant à moi je fais consister le bonheur dans cette parfaite tranquillité. Vous ne sauriez disconvenir au moins qu'il est possible d'avoir cette assurance : je l'ai en effet.

L'esperance doit être fondée sur la probalité de parvenir à ce qu'on désire, par conséquent l'espérance suppose le désir ; or le désir n'est jamais sans inquiétude : l'inquiétude est un mal; donc l'espérance est aussi un mal.

J'avoüe cependant que l'espérance a quelque chose de flateur ; mais convenez aussi qu'elle ne flate qu'à proportion des degrés de probabilité qu'il y a de parvenir à ce que l'on désire. La probabilité est donc la mesure du plaisir que peut donner l'espérance, & comme ce qui n'est

que

que probable n'eſt pas certain, il s'en ſuit que le plaiſir qui naît de l'eſpérance probable n'a qu'un fondement très incertain.

Enfin perſonne ne doute qu'il ne vaille beaucoup mieux poſſeder ce que l'on déſire que d'être flatté par l'eſpérance en le déſirant : c'eſt le cas où je me trouve. L'eſpérance ne flatte que l'imagination au lieu que la poſſeſſion procure une joüiſſance réelle ; par conſéquent la certitude de poſſéder eſt toûjours préférable à l'eſpérance d'acquérir quelque fondée qu'elle ſoit, & quelque grand que ſoit l'objet qu'elle embraſſe.

J'ai aujourd'hui, encore un coup, tout ce qu'il me faut pour mener une vie tranquile, que je regarde comme le ſouverain bonheur ; & je ſuis certain d'en joüir juſqu'à la fin de ma carriere.

Vous m'objecterez, ſans doute, que

que cette certitude ne peut être phisique, qu'elle n'est au plus que morale & que les hommes sont sujets aux accidens.

J'en conviens: mais il me suffit, pour que je préfere mon sistême à tous les autres, de savoir qu'il a plus de certitude & plus de réalité qu'aucun.

Quant aux accidens dont vous me parlez; les hommes n'y sont-ils pas également exposés quelque sistême qu'ils adoptent? c'est ce qui est prouvé par l'experience de tous les jours. Mais cette vérité n'est pas capable de déranger le bonheur d'un Philosophe. La crainte des accidens ne l'inquiéte pas, surtout lorsqu'il se trouve persuadé, comme je le suis moi-même qu'il y a infiniment plus de probalité pour lui, que ces accidens n'arriveront pas, que de raisons de crainte qu'ils n'arrivent. Et en attendant ce qu'il en sera de ces accidens,

accidens, il joüit toûjours tranquillement du présent, & continuë d'en joüir jusqu'à la fin, & c'est en quoi consiste le parfait bonheur.

Vous me direz ici que je confond mal-à-propos le bonheur actuel dont je jouis, avec le parfait bonheur; qu'il y a cependant grande différence de l'un à l'autre: que la durée permanente est la marque caractéristique du vrai bonheur & que le bonheur présent est non seulement de très-courte durée; mais qu'il peut encore (dans la supposition que votre sistême soit seulement possible, comme j'en suis convenu) opérer pour celui qui s'y borne, une suite infinie des malheurs les plus redoutables.

Je conviens que le bonheur dont je jouis présentement aura une fin, comme il a eu un commencement. Je conviens encore que je ne vois point d'impossibilité ni de répu-

gnance

gnance phisique dans la supposition de votre sistême; mais tout cela ne suffit pas pour me déterminer à renoncer à ce bonheur present, qui tel qu'il est me procure des biens très-réels dans l'espérance d'un avenir très-incertain en lui-même, & que je regarde en mon particulier, comme purement imaginaire, quoi qu'il ne soit pas absolument impossible.

Ainsi que cette autre vie à venir soit aussi possible que vous le voudrez; que les biens que vous voulez que j'y envisage soient les plus considérables que l'on puisse imaginer, tout cela ne décide rien entre nous, tant que vous ne prouverez pas qu'il y a plus de probabilité que cette autre vie soit quelque chose de réel, qu'il n'y en a qu'elle n'est qu'une invention des hommes; & c'est ce que vous n'avez pas prouvé jusqu'ici, & que je ne crois

pas

pas que vous ni aucun des partisans de votre sistême, puissiez jamais prouver, au moins par des raisons claires & solides.

Vous me prêchez de plus, comme moyens nécessaires pour mériter ce bonheur à venir, les veilles, les jeûnes, les macérations, les scrupules, les craintes, l'incertitude & l'inquiétude. En un mot vous m'insinuez de renoncer pour l'amour de cette espérance à tout ce en quoi j'ai fait consister jusqu'ici tout mon bonheur. Tout cela est d'autant plus embarassant pour moi que je me sens être homme qui ne voudroit pas faire à demi une chose aussi essentielle que celle-là. Je suis tendre, délicat & scrupuleux au dernier point. Si je donne dans votre sistême, je ne croirai jamais en avoir assez fait: ma vie ne sera donc à l'avenir qu'un tissu de crainte, d'allarme, de trouble, de doute & d'inquiétude continuelle qui aboutiront peut-être à me porter à un désespoir total. En un mot au lieu que jusques ici, je me suis estimé un homme parfaitement heureux, je risque de devenir par les suites, de toutes les créatures la plus misérable; & s'il se trouvoit qu'enfin mon esperance fut vaine, n'est-il pas vrai que j'aurois sacrifié tout ce qu'on peut sacrifier de réel, non seulement contre le néant, mais même contre la plus grande de toutes les miseres. Le beau trait de sagesse.

Vous me direz, sans doute après votre Philosophe, que le contentement qu'inspire à l'ame la certitude de cette espérance contre-balance & surpasse même de beaucoup tout ce qu'elle abandonne, & tout ce qu'elle souffre pour l'amour de ce bien immense & infini

dont

dont elle espere joüir pendant une éternité ; de sorte, direz-vous, que quant même cette espérance seroit vaine dans le fond ; il se trouvera tout bien compté & rabatu, que l'état de cette ame qui aura joüi du plaisir que donne une espérance si flateuse, quoi que supposée vaine, aura été plus heureux en ce monde même que celui d'un autre, qui au milieu de toutes les prospérités & de tous les contentemens qu'on peut avoir ici bas, aura vêcu dans la crainte ou dans le doute de cet événement d'une vie à venir.

Je répond en premier lieu qu'il se peut que cette ame dont vous me parlez, & dans la situation dans la quelle vous la supposez, par la comparaison qu'elle aura faite d'un bien immense & infini qu'elle espere avec certitude selon son idée avec ce qu'elle abandonne ou souffre dans ce monde pour l'amour des grands biens qu'elle espere dans l'autre, parvienne à un état de bonheur parfait ; car j'ai avancé moi-même que le bonheur n'est que là où on le met. Mais il faut que vous conveniez que, si elle est trompée dans son espérance, elle aura préféré un bonheur chimérique, puis qu'il ne consistoit que dans son imagination aux commodités & aux agrémens réels dont on peut joüir en ce monde ; & qu'elle aura sacrifié & abandonné un bonheur réel pour un bonheur chimérique, & qu'elle se sera assujetie à des souffrances réelles & sans nombre pour l'amour de sa vaine espérance, c'est-à-dire pour courir après une chimére.

Je répond en second lieu, qu'il est vrai que le parfait bonheur dans ce monde ; dépend du parfait contentement & de la parfaite tran-

tranquillité de l'esprit. Mais en adoptant votre sistême on ne peut parvenir à ce parfait contentement & à cette parfaite tranquillité d'esprit nécessaire pour être heureux que par la persuasion au plus haut degré de la certitude, de parvenir un jour à ce que ce sistême promet & fait espérer de doux & de flateur. Mais, permettez-moi raisonnant conséquemment à ce sistême, tel que vous me l'avez développé de doute que l'ame puisse jamais parvenir à ce degré de certitude. *

* Car plusieurs sont appellés, & fort peu sont élus.

Math. C. 22. V. 14.

St. Paul malgré la vie réguliere qu'il a menée & les austérité dans lesquelles il a vêcu est si incertain de son salut qu'il dit dans sa premiere Epitre au Corint. C. 4. V. 3.

Car quoi que je ne me sente coupable de rien, si est-ce que je ne suis pas justifié pour cela, c'est le Seigneur qui me juge.

Et au C. 9. *V.* 27. . . . . *Je meurtris mon corps de coups, & je le rend souple au service,*

 de

de peur qu'il n'arrive en quelque façon qu'ayant prêché aux autres, je ne devienne moi-même réprouvé.

Je réponds en troisiéme lieu que quoi qu'il en soit d'une ame qui se trouve dans l'état de votre supposition, & quelque bonheur qu'elle goûte en conséquence de sa prétenduë certitude; tout cela ne prouve encore rien contre moi; parce que le cas posé dans la comparaison que vous faites de cette ame persuadée, avec une autre qui est dans le doute & dans la crainte de cet évenement d'une vie à venir, que vous tenez pour certain, n'est pas le mien, au contraire à l'heure que je vous parle, je suis aussi certain que je le suis des vérités géometriques les mieux démontrées, que cette vie à venir n'est qu'une pure chimére.

Mais comment pouvez-vous avoir cette certitude, m'objecterez-vous?

vous? sur quoi est-elle fondée?

Je repond : que tout le monde convient qu'il est de la droite raison & que c'est même sa proprieté la plus essentielle de chercher la vérité & de s'y attacher quand elle la trouvée; puis que c'est uniquement de la connoissance de la vérité, & de ce que nous faisons en conséquence, que dépend notre véritable felicité. Je conviens qu'il est impossible que l'erreur puisse nous rendre heureux.

Il s'agit maintenant de savoir si cette vie à venir dont vous m'entretenez & dont vous me faites un portrait si avantageux, est un être réel ou si elle n'est qu'une chimére. Il s'agit encore de juger des degrés d'évidence ou de probalité de la possibilité ou del'impossibilité de cet évenement.

Je vous ai déja dit qu'il me paroît impossible de juger avec fondement & certitude, si certains contingens sont possibles : je vous en ai donnné, si je ne me trompe, une raison très-plausible.

Mais je crois qu'il y a une regle certaine de verité pour un Critere certain & infaillible pour juger de ce qui est absolument impossible ou bien purement chimérique.

Le contingent que vous me prêchez comme possible est un de ces derniers : je le prouve.

La vérité est simple & une.

Ce qui contredit cette vérité est absolument impossible & chimérique.

Si cette vie à venir que vous m'annoncez est certaine comme vous le prétendez, elle ne peut l'être qu'en conséquence & relativement à votre sistême.

Or je vous dirai que j'ai observé, que ce sistême contient, non seulement des principes contradic-

toires

toires à la raiſon immuable, c'eſt-à-dire à des axiomes reconnus pour vrais & admis de tous ceux qui ont la faculté de raiſonner ; mais qu'il eſt encore fondé ſur des principes qui ſe contrediſent manifeſtement les uns les autres; d'où je crois pouvoir tirer cette concluſion, que votre ſiſtême eſt erroné.

Il eſt maintenant queſtion de ſavoir ſi des contradictions manifeſtes trouvées dans ce ſiſtême, peuvent tenir lieu de certitude que ce ſiſtême eſt erroné.

Il eſt queſtion de ſavoir, ſi ce ſiſtême étant faux, & me trouvant en particulier dans la ſituation où je me trouve, telle que je vous l'ai dépeinte je riſque de le croire véritable & d'agir en conſéquence.

Permettez-moi que dans la perſuaſion où je ſuis juſqu'ici, je vous diſe que je ne dois douter ni de l'un ni de l'autre.

Je dois m'attendre que vous m'objecterez ici, comme vous avez déja fait dans nos conversations précédentes, que la raison n'est pas competante pour juger de la vérité de ce sistême, & qu'il faut l'embrasser par ce que vous appellez *Foi*.

Je vous repondrai que la raison est une lumiere qui nous a été communiquée par la cause de notre existence, quelle qu'elle soit, pour nous en servir à cette fin de nous rendre heureux en cherchant ce qui peut faire notre bien, & en évitant ce qui peut faire notre mal. Pourquoi voulez-vous que je ne fasse pas usage de cette lumiere dans une occurence où il ne s'agit pas moins que de tout mon bonheur? si vous m'alleguez l'autorité contre cette lumiere; si par cette autorité peu prouvée, au moins à mon égard, vous prétendez forcer

mon

mon acquefcement, affentiment à des propofitions qui me paroiffent contradictoires à cette lumiere de ma raifon, je vous citerai à mon tour le Philofophe, de qui vous avez tiré votre grand argument, dont vous m'avez communiqué les écrits que j'ai lû avec grand plaifir. Voici donc ce qu'il penfe fur cette matiere.

« Ainfi à l'égard des propofitions « dont la certitude eft fondée fur « une perception claire de la con- « venance ou de la difconvenance « de nos idées, qui nous eft con- « nuë, ou par une intuition im- « médiate, comme dans les propo- « fitions évidentes par elles-mê- « mes; où par des déductions évi- « dentes de la raifon, comme dans « les démonftrations, nous n'avons « pas befoin du fecours de la révé- « lation, comme néceffaire pour « gagner notre affentiment, & pour

« introduire ces propoſitions dans « notre eſprit ; parce que les voïes « naturelles, par où nous vient la « connoiſſance, peuvent les y éta- « blir, ou l'ont déja fait : ce qui eſt « la plus grande aſſurance que nous « puiſſions peut-être avoir de quoi « que ce ſoit, hormis lorſque Dieu « nous le révéle immédiatement ; « & dans cette occaſion-même, « notre aſſurance ne ſauroit être « plus grande, que la connoiſſance « que nous avons, que c'eſt une ré- « vélation qui vient de Dieu. Mais « je ne crois pourtant pas que, ſous « ce titre rien puiſſe ébranler ou « renverſer une connoiſſance évi- « dente & engager raiſonnable- « ment aucun homme à recevoir « pour vrai ce qui eſt directement « contraire à une choſe qui ſe mon- « tre à ſon entendement avec une « parfaite évidence ; car nulle évi- « dence, dont puiſſe être capables

les

« les facultés, par où nous recevons
« de telles révélations, ne pouvant
« surpasser la certitude de notre
« connoissance intuitive, si tant est
« qu'elle puisse l'égaler; il s'ensuit
« de là que nous ne pouvons jamais
« prendre pour vérité aucune cho-
« se qui soit directement contraire
« à notre connoissance claire & dis-
« tincte; par ce que l'évidence que
« nous avons premierement que
« nous ne nous trompons point en
« attribuant une telle chose à Dieu,
« & en second lieu que nous en
« comprenons le vrai sens, ne peut
« jamais être si grande que l'évi-
« dence de notre propre connois-
« sance intruitive, par où nous a-
« prenons qu'il est impossible que
« deux idées, dont nous voyons
« intuitivement la disconvenance,
« doivent être regardées ou admi-
« ses, comme ayant une parfaite
« convenance entr'elles : & par
consé-

« conséquent nulle proposition « ne peut être reçûë pour révéla- « tion divine, ou obtenir l'assenti- « ment qui est dû à toute révélation « émanée de Dieu, si elle est con- « tradictoirement opposée à notre « connoissance claire & de simple « vûë; parce que ce seroit renver- « ser les principes & les fondemens « de toutes connoissances & de tout « assentiment; de sorte qu'il ne « resteroit plus de différence dans « ce monde entre la vérité & la « fausseté, nulle mesure du croya- « ble & de l'incroyable, si des pro- « positions douteuses devoient « prendre place devant des propo- « sitions évidentes par elles-mê- « mes, & que ce que nous con- « noissons dut céder le pas à ce, « sur quoi peut-être nous sommes « dans l'erreur. Il est donc inutile « de prêcher, comme article de « foi, des propositions contraires

à

« à la perception claire que nous « avons de la convenance ou de la « disconvenance d'aucunes de nos « idées. Elles ne sauroient gagner « notre assentiment sous ce titre ou « sous quelqu'autre que ce soit ; « car la foi ne peut nous convain- « cre d'aucune chose qui soit con- « traire à notre connoissance ; par- « ce que, encore que la foi soit « fondée sur le témoignage de « Dieu, qui ne peut mentir, & « par qui telle ou telle proposition « nous est révélée ; cependant nous « ne saurions être assurés qu'elle « est véritablement une révélation « divine avec plus de certitude, « que nous le sommes de la véri- « té de notre propre connoissan- « ce ; puis que toute la force de la « certitude dépend de la connois- « sance que nous avons que c'est « Dieu qui a révélé cette proposi- « tion ; de sorte que dans ce cas où l'on,

« l'on ſuppoſe que la propoſition « révélée eſt contraire à notre con- « noiſſance ou à notre raiſon, elle « ſera toûjours en but à cette ob- « jection, que nous ne ſaurions dire « comment il eſt poſſible de con- « cevoir qu'une choſe vienne de « Dieu, ce bien-faiſant auteur de « notre être, laquelle étant reçûë « pour véritable, doit renverſer « tous les principes de connoiſſan- « ce qu'il nous a donnés, rendre « toutes nos facultés inutiles, dé- « truire abſolument la plus excel- « lente partie de ſon ouvrage, & « réduire l'homme dans un état où « il aura moins de lumiere & de « moyen de ſe conduire que les bê- « tes qui périſſent. Car ſi l'eſprit de « l'homme ne peut jamais avoir « une évidence plus claire, ni peut- « être ſi claire, qu'une choſe eſt de « révélation divine, que celle qu'il « a des principes de ſa propre

rai-

« raiſon, il ne peut jamais avoir « aucun fondement de renoncer à « la pleine évidence de ſa propre « raiſon, pour recevoir à la place « une propoſition, dont la révéla-« tion n'eſt pas accompagnée d'une « plus grande évidence que ces « principes.

Je me tiens à ce jugement, d'autant qu'il eſt deciſif, au moins ſelon moi, contre les deux points principaux de votre objection, qui ſont les motifs de crédibilité qui ſelon vous réſultent des révélations & de la foi même à l'égard des propoſitions qui nous paroiſſent évidemment fauſſes par les ſeules lumieres naturelles de notre raiſon.

J'ajoûterai cependant encore une reflexion ſur ce même ſujet.

Ce que vous appellez foi ne peut être autre choſe qu'un contentement ou acquieſcement, à des aſſentiment, à des vérités que je ne ſaurois sauroîs apercevoir par le raport d'aucun de mes sens.

Mais n'est-il pas vrai que pour opérer cet idem assentiment, il faut convaincre mon esprit ? Il faut par conséquent que ce soit en vertu d'un fondement solide, ou par quelque motif suffisant, que mon esprit donne cet assentiment. Il faut donc, que, pour juger de la solidité ou non solidité de ce fondement ou de ce motif, que je me serve des lumieres de ma propre raison & non pas de celle d'un autre; car la raison d'autrui ne peut opérer de conviction que sur l'esprit d'autrui. Il est évident que cela ne sauroit être autrement : vous avez donc tort de rejetter cette raison comme incompétante.

La foi sans le consentement de la raison, est un édifice construit au hazard; & sans savoir s'il est bâti sur le roc ou sur le sable. Or encore

core un coup, comment cette raison peut-elle donner son assentiment à un sistême qui, à son jugement, contient des propositions contradictoires ? Ou comment peut-elle le donner, tant que ces propositions lui paroîtront contradictoires ? Cela est impossible.

J'observe encore, sur ce que votre Philosophe paroît regarder l'annihilation de notre être comme une chose dont l'idée est épouvantable, que quant à moi à la faveur du secours de ma raison je suis très-éloigné de l'envisager de même. Je sais que j'ai commencé d'éxister : je sais que tout ce qui a un commencement d'existence a aussi une fin : cela est vrai, sur tout à l'égard des êtres sensibles; ils finissent les uns plûtôt, les autres plûtard. Je vois mourir tous les jours de ceux qui sont venus au monde avant-moi, & de ceux qui y sont entrés après-moi.

moi. Je ſens qu'il eſt auſſi néceſſaire & auſſi inévitable que je ceſſe d'être, que par la liaiſon des cauſes & des effets il l'a été, que je commence d'éxiſter.

Puiſque donc telle eſt ma nature & mon deſtin ; pourquoi m'en épouventer ? Je ne m'épouvente pas plus des derniers degrés de la ceſſation de mon être que j'ai été affligé des premiers. Je ſens tous les jours la diminution de mon être, & je ne ſuis pas moins tranquille pour cela.

Il eſt vrai cependant qu'étant content de l'état dans lequel je me trouve en ce monde, comme je le ſuis, ſi je pouvois prolonger la durée de mon exiſtence & l'éterniſer, je le ferois ſans doute : & même quelque gracieux que ſoit mon état, je le changerois contre un meilleur, contre celui, par exemple dont vous me parlez dans votre

votre sistême, supposé que ce fut une réalité; car il faudroit être fou pour ne pas savoir sacrifier un bien certain présent à un autre bien certain à venir, qui seroit infiniment plus grand que le premier; & sur tout si en ne le sacrifiant pas il y avoit la misere la plus affreuse à craindre comme vous le supposé dans votre sistême.

Mais, comme je l'ai déja observé, cela ne dépendroit pas de la considération seule de la grande disproportion de la valeur de ces deux biens; il faudroit mesurer encore les degrés de probabilité concernant la certitude ou l'incertitude de la réalité de ce dernier bien, & enfin sur le resultat de cet examen prendre un parti final conforme à la droite raison.

Tout ce que je veux enfin conclure par ce long discours, est que je crois, que jusqu'à ce que vous

ayez

ayez levé tous mes ſcrupules, & que vous m'ayez démontré avec une entiere évidence qu'il n'y a rien de contradictoire dans votre ſiſtême, l'argument de votre Philoſophe, que vous voulez me faire valoir ne peut ni ne doit faire aucune impreſſion ſur moi, pour me porter à changer l'état de vie que j'ai embraſſé & dont je ſuis parfaitement content.

Tant que je ſuis perſuadé que ce que vous m'offrez eſt une pure chimére, il y auroit encore plus de diſproportion à mon égard de riſquer ou de ſacrifier mon bonheur actuel, pour celui que vous voulez me faire eſpérer, qu'il n'y en auroit à parier une Piaſtre contre Empire aux conditions raportées. Il y a au moins pour ce dernier qui parioit un degré d'eſpérance de gagner. Je ſens bien que la diſproportion à la perte eſt immenſe; mais au moins il n'eſt pas abſolument ſans eſpérance de gagner : le hazard pouroit le favoriſer à ce point-là. Mais à riſquer un bonheur réel, quelque minſe qu'il fut, contre la chimére la plus magnifique & la plus flateuſe que l'eſprit humain puiſſe imaginer, il n'y a aucune proportion, aucune eſperance de gagner, ni par conſéquent aucune raiſon qui puiſſe porter un homme de bon ſens à prendre ce parti.

Ce raiſonnement de mon ami, ou plûtôt de ſon Philoſophe Chinois paroît déciſif contre l'argument de Monſieur Locke à l'égard d'un homme perſuadé d'une certitude geométrique, que le ſiſtême de notre Religion eſt erroné. Il s'agit de ſavoir ſi cette perſuaſion eſt poſſible, & ſi l'on peut concevoir que ceux qui ſe vantent d'être dans le cas de cette perſuaſion agiſſent réellement de bonne foi.

Ceux

Ceux qui connoiſſent le monde ne doutent pas qu'il n'y ait des hommes qui malheureuſement pour eux ſont dans cette fatale erreur, & l'argument de Monſieur Locke ne paroît pas efficace pour les en tirer.

Pour guérir l'eſprit de quelqu'un de ces incredules, il faut faire ſes plus grands efforts pour lui prouver que le ſiſtême de la Religion Chrétienne ne renferme point de contradiction, & que s'il contient des choſes qui ſont au-deſſus de notre raiſon; elles ne ſont pourtant pas contre la raiſon ni par conſéquent contradictoires: Ces preuves paroiſſent difficiles à donner; mais elles ne doivent pas être impoſſibles pour un homme qui poſſede bien ce ſiſtême & les regles du raiſonnement.

Il faut convenir au ſurplus qu'il y a des occaſions où notre raiſon nous

nous eſt fort incommode, ſoit que nous la ſuivions, ou que nous l'abandonnions.

Je ſuis de ce ſentiment, & je ne donne pas le raiſonnement de mon ami, ni celui de ſon Philoſophe Chinois à mes lecteurs, pour jetter des ſcrupules dans leur eſprit, fuſſent-ils même de toutes autres réligions que la notre; mais dans l'eſpérance que quelqu'un, plus habile que moi; voudra ſe donner la peine de le réfuter ſolidement. Pour moi je ne l'entreprends pas de crainte qu'àprès tous les efforts que j'aurois fait; il ne m'arrivât ce qui eſt arrivé à quelques-uns de ceux qui ont écrit ſur l'immortalité de l'ame, qui ne l'ayant pas prouvée au gré des critiques ſéveres, ont été ſoupçonnés de ne la pas croire eux-mêmes.

FIN.

SENTIMENS
DES
PHILOSOPHES
SUR LA NATURE DE
L'AME.

DE toutes les matieres dont les Philosophes ont traité, il n'y en a aucune sur la quelle ils ayent été plus partagés de sentimens que sur la nature de l'ame humaine. Ils ont étudié & travaillé avec la même ardeur ; les uns pour établir son immortalité & les autres pour prouver qu'elle étoit perissable avec le corps, ainsi que celle des autres animaux.

Pour laiſſer à chacun la liberté de ſe déterminer à cet égard ſur ſes propres lumieres; nous nous contenterons de rapporter ici ſuccintement, ſans cependant rien omettre d'eſſentiel, les differentes preuves ſur leſquelles les Philoſophes de l'un & l'autre parti ſe ſont crus bien fondés pour ſoutenir chacun ſon opinion.

Il y a pluſieurs traités compoſés en faveur de la premiere opinion, tant par les anciens que par les nouveaux Philoſophes. Pic de la Mirandola en fit un dans le quinziéme ſiécle qu'on trouve imprimé dans ſes œuvres. Les fameuſes Theſes qu'il ſoutint à Rome durant quinze jours, où il s'étoit engagé de répondre en toutes langues & de deffendre l'opinion contraire à toutes les propoſitions qu'on y avanceroit, l'ayant obligé à l'ouverture de ces Theſes à ſoutenir que l'ame l'ame humaine étoit mortelle, contre un sçavant qui avoit entrepris de soutenir son immortalité ; Pic de la Mirandole allegua tant & de si fortes raisons pour prouver qu'elle étoit mortelle, que toutes l'assemblée fut convaincuë qu'il avoit deffendu son propre sentiment, ce qui l'obligea à composer durant les nuits des quinze jours qu'il employa si glorieusement pour lui, son traité de l'immortalité de nos ames, qu'il fit imprimer à mesure qu'il le faisoit, & qu'il fit distribuer le dernier jour.

CHAPITRE PREMIER.

Preuve de l'immortalité de l'Ame.

LEs preuves les plus plausibles que les Philosophes tant anciens que modernes partisans de l'opinion de l'immortalité de notre ame ont allegués pour établir leur sentiment sont à peu près celles-ci.

1°. Que l'excellence de l'ame humaine sur celle des animaux est tellement manifeste, qu'il n'est pas possible de croire qu'elle soit de même nature, d'autant mieux que la pensée & le raisonnement lui sont propres privativement aux autres, qu'ils dénotent en elle des facultez qui ne peuvent appartenir au corps, & qui par conséquent sont les operations d'une substance differente de celle du corps. Un Philosophe du der-

dernier siécle a expliqué plus particulierement cette preuve par le raisonnement qui suit.

Je pense & cette pensée n'est pas mon corps : cette pensée n'est ni longue ni large ni étenduë, comme il est essentiel à la matiere qui compose un corps de l'être ; elle n'est pas par conséquent sujette à la destruction comme lui ; car la destruction ne peut se faire sans division de parties ; & on ne peut concevoir de division de parties dans une substance qui n'a point d'étenduë, telle qu'est la pensée : il y a donc en moi, conclud ce Philosophe, deux substances, l'une imperissable qui pense, est l'autre perissable qui ne pense point.

2°. Que le sentiment de l'immortalité de nos ames répandu dans toutes les nations en est une preuve aussi veritable que naturelle.

Que

3o. Que les operations de cette ame n'en emportent pas un témoignage moins touchant vû que l'homme est non seulement l'unique être qui soit doüé de la faculté de penser & de raisonner, mais encore le seul qui ait celle d'exprimer ses pensées par des sons appropriés & de les transmettre à la posterité par des caracteres dont il est l'inventeur: joint à cela que le désir, qui lui est si naturel, d'immortaliser son nom & ses actions, les monumens qu'il éleve pour en perpetuer la memoire, les substitutions qu'il fait de ses biens à ses déscendans, ou à ceux qui porteront son nom sont autant de preuves de l'ame immortelle qui est en lui, & qui voudroit, s'il étoit possible, communiquer son immortalité à la partie mortelle à laquelle elle est unie.

4o. Que les operations de cette

ame

ame ſont ſi nobles, qu'elles démontrent qu'elles ne peut deriver que d'une ſource divine & immortelle. Pour prouver cette propoſition, on dit que l'homme eſt l'inventeur des Arts & des ſciences les plus ſublimes, qu'il a formé des ſocietés qui ſe ſont bâties des Villes, fait des loix pour régler le corps de l'état, y maintenir la juſtice & l'abondance, punir les mauvais & récompenſer les bons; qu'il en a fait d'autres pour regler les droits des Peres ſur leurs Enfans & le partage entre eux de leurs biens: qu'il a trouvé l'Art de traverſer les Mers les plus vaſtes, & de réünir pour ſes commodités ce que la nature avoit ſéparé par tant d'eſpaces: qu'il s'eſt enfin élevé juſqu'aux Cieux, qu'il ſçait ce cours des Aſtres, & le tems qu'il y employent, qu'il prevoit l'avenir & l'annonce; qu'il eſt parvenu à la connoiſ-

connoiſſance de l'auteur de l'univers, & qu'il lui rend un juſte culte : toutes leſquelles operations ne peuvent, dit-on, deriver que d'une ame divine & immortelle.

5°. Que la conſtitution du corps eſt ſi belle & ſi noble qu'il ſuffit de la conſiderer au dehors & au dedans, pour être perſuadés qu'il eſt le logement d'une ame ſublime. On fait là deſſus une longue énumeration de la beauté de ſes parties interieures qu'on appelle l'abregé du monde & ſa repréſentation. A l'égard de l'exterieur, après en avoir obſervé l'excellente proportion, on ajoûte qu'il eſt le ſeul des animaux qui marche la tête élevée vers le Ciel ; preuve encore évidente qu'il tire de là ſon origine & qu'il doit y retourner.

6°. Que tous les animaux le reſpecte, & le craignent, même ceux qui ont des forces bien ſuperieures

aux

aux siennes, & qu'ils lui sont soumis. Cette supériorité, dit-on, ne peut venir que de celle de son ame sur la leur, & établit manifestement la difference de nature qui se trouve entre l'ame humaine & celle des bêtes, & l'immortalité de la premiere.

7°. Que ce seroit en vain que l'homme adoreroit ce Créateur du Ciel & de la terre & lui rendroit des hommages, qu'il s'abstiendroit du mal pour faire le bien s'il ne devoit y avoir aucune récompense pour les bonnes actions ni aucune punition pour les mauvaises : or comme ces récompenses & ces châtimens n'ont pas toûjours lieu dans cette vie; puis que la plus part des innocens la quittent sans avoir reçû aucun prix de leur vertu, & que plusieurs méchans la passent dans une suite continuelle de plaisirs & de prospérités, il est nécessaire, dit-on, on, qu'il y en ait une autre où ceux-ci sont punis de leurs crimes, & les autres récompensés de leurs vertus; sans quoi Dieu ne seroit pas juste, ce qui n'est pas possible, vû qu'il est un être infiniment parfait. Or cette autre vie prouve & constate l'immortalité de nos ames, dont l'anneantissement rendroit cette autre vie inutile.

On joint à ce-ci des exemples, des châtimens & des récompenses surnaturelles & nombreuses dès cette vie, dont les histoires nous ont conservé la mémoire, par lesquelles il est prouvé que Dieu à pris soins d'établir parmi les hommes la verité de sa justice, soins qui sont des assurances qu'elle doit s'étendre à une autre vie, lors qu'elle n'a pas été exercée dans celle-ci : ce qui ne pourroit être si nos ames perissoient avec le corps.

8o. Qu'on a une autre preuvre que la ſubſtance de nos ames eſt impériſſable & indépendante de nos corps dans l'exiſtance des démons, des genies, des eſprits folets & de toutes les ſubſtances aëriennes, laquelle exiſtance eſt établie par une infinité de témoignages qui nous ont été tranſmis des ſiecles paſſez & qui ne manquent pas en ces derniers, & dans les apparitions extraordinaires & ſurnaturelles. Les voix ſans corps entendus dans les airs, comme fut celle-ci (le grand Dieu pan eſt mort) qui ſe fit entendre par toute l'Aſie nous ſont d'autres preuves convainquantes qu'il y a veritablement des ſubſtances indépendantes de la matiere, & une aſſurance que l'ame humaine qui eſt de la même nature que ces ſubſtances peut-être ſéparée du corps au quel elle eſt unie, ſans qu'elle ſoit ſujette à l'anéantissement.

9°. On ajoûte à toutes ces preuves l'autorité des Religions confirmées par des miracles du premier ordre & annoncées de loin par des Prophéties qui ne sont pas des témoignages moins invincibles de leurs verités. On fait ici le détail des prodiges de l'Egypte, de ceux du Mont Sinaï qui ont accompagné le peuple Juif dans la terre de promission & continué dépuis jusqu'à la destruction de son Temple predite si autentiquement. On rapporte les miracles éclatans qui ont caracterisé & attesté la Mission de Jesus-Christ, & la sainteté de son Eglise dépuis sa naissance jusqu'à ce tems. On fait valoir le progrés & la durée de ces Religions qui nous ont développé ce mistere de l'union d'une ame immortelle avec un corps sujet a la destruction, & qui nous ont démontré, dit-on par

par des faits, la possibilité de son existence indépendamment du corps.

100. Enfin on observe que ceux qui nient l'immortalité de nos ames sont ordinairement des libertins, ou des méchans que la crainte de la punition en une autre vie, des crimes qu'ils ont commis en celle-ci porte à s'imaginer qu'il n'y en a pas & à soutenir que l'ame meurt avec le corps.

CHAPITRE DEUXIE'ME.

Ce que disent les Partisans de la mortalité de l'ame pour réfuter les preuves précedentes.

Ceux qui soutiennent que nos ames sont anéanties avec nos corps, aux quels elles sont unies, prétendent qu'on doit d'abord retrancher des preuves de l'immortalité de l'ame, l'autorité des Religions, les histoires des miracles & des prodiges, les opinions des substances Aëriennes, & toutes les conséquences qu'on tire de là en faveur de cette immortalité.

Pour le prouver ils disent 1o. que les histoires de tous les tems & de tous les pays contiennent une infinité de faits extraordinaires & surnaturelles que la superstition d'un côté, l'ignorance des peuples de l'autre l'autre & l'intérêt avec l'adresse de ceux qui leur ont voulu imposer des loix ont fait passer pour véritables.

Pour en démontrer la fausseté ils citent aux Chrêtiens les miracles & les prodiges des Payens & des Mahometans ; & à ceux-ci les miracles des autres, qui ne peuvent être en même tems véritables dans deux différentes Réligions qui s'accusent réciproquement de fausseté, & qui doivent être fausses au moins les unes ou les autres. Ils citent aux Chrêtiens & aux Juifs des prodiges & des miracles innombrables attestés dans les livres des Payens & dans ceux des Mahometans.

Ils raportent entre autres les témoignages de certains historiens, lesquels ont assurés qu'il y avoit des Roys en Egipte dont ils citent les noms, lesquels s'élevoient quelque fois en présence des peuples jusque dans les nuës. Ils disent entre autres qu'un de ces Roys, après leur avoir donné des loix & recommandé de les observer, s'éleva de cette sorte au milieu d'eux, en leur disant, qu'il viendroit les revoir; & qu'il se montra en effet à eux après plusieurs mois; pendant qu'ils étoient assemblés dans un Temple, qu'il leur parut brillant de lumiere, leur parla & les invita de nouveau à l'observation de ses loix, leur annonçant qu'il alloit les quitter pour toûjours: il disparut en achevant ces paroles.

Une autre fois ils virent, dit-on, de leurs yeux ce que l'on voit écrit dans l'histoire du troisiéme siécle de l'Ere Mahometane; sçavoir, qu'un Calif regnant en Babilonne où il avoit bâti un Colége pour y enseigner la Doctrine du Chaffay l'un des célebres interpretes de leurs

leurs loix, mort & enſeveli au grand Caire ; écrivit au Gouverneur qu'il avoit en Egypte de lui envoyer le corps de ce Docteur pour être depoſé dans ſon Colége & le rendre plus illuſtre: ce que ce Gouverneur ayant voulu exécuter avec la plus grande ſolemnité, il s'étoit tranſporté accompagné de tout ce qu'il y avoit de plus illuſtre & d'un peuple innombrable à l'endroit de la ſepulture du Chaffay pour en tirer le corps; mais que ceux qu'on avoit employés à ôter la terre qui le couvroit ne furent pas plûtôt arrivés au voiſinage du cercuëil, qu'il en ſortit une flamme dont ils reſterent tous aveuglés; du quel miracle il fut dreſſé un procès-verbal qui fut atteſté & ſigné du Gouverneur, des autres Officiers du Royaume & de plus de deux mille perſonnes. On envoya ce procès-verbal au Calife qui en fi tirert un grand

 nombre

nombre de copies autentiques qu'il fit paſſer en tous les lieux où la Religion Mahometane s'étoit dès-lors répanduë. Ils citent encore ce qui eſt rapporté dans l'hiſtoire d'un Empereur Romain qui rendit dans ſon paſſage à Alexandrie la vûë à un aveugle né.

Ils objectent au contraire aux Mahometans & aux Juifs la réſurrection de Jeſus-Chriſt que les partiſans de ces deux Religions nient avec tant d'autres miracles atteſtés dans les hiſtoires en faveur du Chriſtianiſme.

3°. Ils obſervent ſur les miracles en géneral qu'on n'en a raporté aucun d'un homme décapité publiquement qui ait reçû dépuis, quoi que ce miracle ne ſoit point au-deſſus de celui de la réſurrection d'un mort veritablement fletri ; d'où ils prétendent avoir raiſon de conclure que tous les autres ſont faux

faux & ſuppoſé. Parmi tant de miracles qu'on raporte avoir été faits dans tous les genres, on n'en a excepté que celui d'un homme publiquement décapité & encore vivant, parce qu'un tel prodige, diſent-ils, eſt le ſeul d'une nature à ne pouvoir être ſuppoſé ni imité par aucun artifice.

4°. Ils nient l'exiſtence de tous eſprits ſéparés du corps, quelques noms qu'on leur ait donné & regarde comme des fables ce qui eſt avancé là deſſus, prétendant que tout ce qu'on en dit eſt de même nature que ce qui a été dit anciennement des oracles, qu'on convient aujourd'hi géneralement n'avoir été que l'effet de l'avarice & de l'adreſſe des ſacrificateurs & des Prétreſſes favoriſées de la ſuperſtition des peuples de ce tems.

5°. A l'égard des preuves qu'on tire pour l'immortalité de l'ame humaine de l'excellence de ses operations ; ils prétendent que toute la différence de la raison humaine à celle des animaux ne consiste que dans celle de l'organisation de leur cerveau, qui se trouve dans les hommes d'une disposition plus propre au raisonnement qu'il ne l'est dans les autres animaux.

Ils observent à cet égard que le chien connoît son maître, & qu'il a de l'amour pour lui & de la haine contre celui qui l'a frappé : que les castors se bâtissent des maisons, s'unissent à leurs semblables pour faire des ouvrages au-dessus de la force d'un seul, & qu'ils punissent & banisses de leur societé ceux d'entre eux qui ne veulent point travailler ; que les abeilles & les fourmis font des provisions pour l'hyver, qu'elles tirent les morts de leurs habitations pour n'en être pas incommodées, composent des republiques républiques & ont leurs loix; & ils soutiennent que ce qui produit ces opérations dans les animaux est ce qui fait dans l'homme celles par les quelles on prétend établir la différence de son ame avec celle des bêtes. Si vous comprenez, disent-ils, ce qui donne lieu dans les animaux à toutes ces opérations & comment elles se font en eux; vous sçavez en supposant une plus grande perfection dans les organes dont elles sont l'effet, quel est l'instrument & la cause dans l'homme de la pensée & du raisonnement. Le propre du cerveau est, disent-ils, dans tous les animaux, de penser, de juger des rapports qui lui sont faits par les autres sens & de les combiner, comme celui de l'œil est de voir, & celui de l'oreille d'entendre; le plus ou moins de perfection dans toutes ces opérations n'étant que l'effet de la différente composition ou arrangement des parties, dans les organes, qui en sont les instrumens.

Si l'homme raisonne mieux que les autres animaux c'est, disen-ils, que la constitution de son cerveau est plus propre que la leur à juger des images qui lui sont presentées par les autres sens. Si le chien a l'odorat plus fin, l'aigle la vûë meilleure, le chat l'oüie plus subtile; c'est que les organes de ces sensations sont meilleures dans ces animaux que dans l'homme: mais cette différence ne constituë pas une diversité de substance entre ce qui pense, voit, adore & entend mieux & ce qui le fait moins bien; elle dénote seulement une disposition d'organes plus favorable dans ceux dans lesquels ces sens ont plus de force qu'elle n'en a dans ceux en qui ils en ont moins.

Pour établir d'autant mieux que le raisonnement dans l'homme est uniquement l'effet de la disposition des organes de son cerveau, ils observent encore qu'il est si peu raisonnable à sa naissance qu'il n'a pas même le discernement qu'ont tous les autres animaux de connoître & de prendre de lui-même la mammelle qui le doit allaicter; que la raison ne croît dans aucun animal aussi lentement que dans l'homme; parce qu'il n'y en a aucun dont les organes du cerveau soient si foibles à sa naissance & ayent besoin de tems pour acquerir l'état propre à bien raisonner: que cette proprieté est si fort dépendante en lui de l'état de ses organes, qu'il y a des hommes chez lesquels elle est toûjours languissante & imparfaite; parce que les instrumens dont elle dépend sont chez eux naturellement mauvais & incapables

incapables de se perfectionner. Ils disent encore que si ces organes viennent à se déranger ou à s'user dans les hommes qui raisonnent le mieux, leur raison s'affoiblit & se dérange à proportion, souvent jusques à un tel point que ces hommes après s'être fait admirer par la force de leur raison vivent encore vingt & trente ans, sans qu'il en paroisse en eux le moindre vestige.

Cette observation fit tant d'impression sur Vanhelmon grand Philosophe du dernier siecle qui avoit fait des longues Méditations sur cette matiere que, quoi qu'il n'osât nier ouvertement l'existence de l'ame raisonnable & immortelle dans l'homme ; il fut néanmoins obligé de reconnoître dans ses ouvrages qu'elle étoit tellement ensevelie en lui pendant qu'il vivoit qu'elle ne donnoit aucun signe d'elle : ce qui est déclarer en termes

mes non équivoques que ce qui nous apparoît en l'homme, qu'on nomme raison n'est que l'armonie produite du concours des images que tous les autres sens rapportent dans celui du cerveau, & que le vulgaire se représente comme l'effet d'un être spirituel & raisonnable par son essence entierement distincte du corps, incapable de destruction, & qui subsistera aprés celle du corps auquel il est uni durant cette vie, & indépendamment du quel il verra, entendra & raisonnera par lui-même : ce qui est, continuent-il, aussi faux qu'inconcevable ; la pensée & le raisonnement n'étant qu'une modification des organes, sans les quels il peuvent aussi peu subsister que la couleur sans corps & l'étenduë sans matiére. Ils ajoûtent que ce qui dans l'homme donne lieu au raisonnement & à la pensée est

eſt également ſujet en lui comme dans les autres animaux à la deſtruction ; la qu'elle eſt inevitable lors que la lumiere entretenuë en cet endroit par les eſprits que le ſang fournit vient à s'éteindre ; lumiere à la faveur de la qu'elle cette partie juge ſur les rapports exterieurs ; lumiere qui eſt interrompuë par les vapeurs du ſommeil, parce qu'àlors le ſang ne fournit plus les eſprits, ou ne les fournit pas avec la même abondance ; lumiere qui eſt obſcurcie par les vapeurs d'une fievre ardente ; diſtraite par une grande application de cette partie à certains objets; enſorte que l'animal ne voit ni n'entend rien, quoi que les yeux & les oreilles ouverts quand ſes ſens ſont affoiblis par le deſſeichement des canaux qui leur fourniſſent de l'aliment ou par la diminution de cet aliment. Cette diminution eſt cauſée par une appoplexie ou autre maladie violente, comme les canaux ſont entierement deſſechés par la mort : lumiere enfin qui n'a rien de différent de celle d'une lampe allumée, la qu'elle ſe perd, ſe confond & ſe mêle à l'air, ſans que la matiere de cette lumiere ſoit réellement anéantie, & ſans qu'elle ſubſiſte autrement qu'elle ne faiſoit avent qu'elle fut unie à cette lampe.

Un Philoſophe moderne à expliqué tout cela d'une maniere particuliere & plus ſenſible, nous allons rapporter en abregé ce qu'il en a dit & penſé.

CHAPITRE TROISIE'ME.

Sentiment de Spinosa.

Ce Philosophe, l'un de ceux qui paroît avoir le plus étudié la matiere dont nous traitons, prétend qu'il y a une ame universelle répanduë dans toute la matiere & sur tout dans l'air; de laquelle toutes les ames particulieres sont tirées : que cette ame universelle est composée d'une matiere déliée & propre au mouvement, telle qu'est celle du feu, que cette matiere est toûjours prête à s'unir aux sujets disposés à recevoir la vie; comme la matiere de la flamme est prête à s'attacher aux choses combustibles qui sont dans la disposition d'être embrasées.

Que cette matiere unie au corps de l'animal y entretient, du moment

ment qu'elle y est insinuée jusqu'à celui qu'elle l'abandonne & se réünit à son tout, le double mouvemens des poulmons dans lequel la vie consiste & qui est la mesure de sa durée.

Que cette ame ou cet esprit de vie est constamment & sans variation de substance le même, en quelque corps qu'il se trouve, separé ou réüni : qu'il n'y a enfin aucune diversité de nature dans la matiere animante qui fait les ames particulieres raisonnables, sensitives, vegetatives, comme il vous plaira de les nommer; mais que la différence qui se voit entre elles ne consiste que dans celle de la matiere qui s'en trouve animée & dans la différence des organes qu'elle est employée à mouvoir dans les animaux ou dans la différente disposition des parties de l'arbre ou de la plante qu'elle anime : semblable à à la matiere de la flamme uniforme dans son Essence, mais plus ou moins brillante ou vive suivant la substance à la qu'elle elle se trouve assez réünie pour nous paroître belle & nette lors qu'elle est attachée à une bougie de cire purifiée, obscure & languissante lors qu'elle est jointe à la graisse ou à une chandelle de suif grossier. Il ajoûte que même parmi les cires il y en a de plus nettes & de plus pures; qu'il y a de la cire jeaune & de la cire blanche.

Il y a aussi des hommes de différentes qualités: ce qui seul constituë plusieurs degrés de perfection dans leur raisonnement y ayant une différence infinie là dessus, non seulement des hommes de l'espece blanche à ceux de la noire, & entre ceux des diverses nations dont la terre est peuplée, mais même entre les sujets d'une même espece &

& nation, & les perſonnes d'une même famille. On peut même, ajoûte-t'il, perfectionner en l'homme les puiſſances de l'ame ou de l'entendement en fortifiant les organes par le ſecours des ſciences, de l'éducation, de l'abſtinence, de certaines nourritures & boiſſons, & par l'uſage d'autres alimens : ces puiſſances s'affoibliſſent au contraire par une vie dereglée, par des paſſions violentes, les calamités, les maladies & la vieilleſſe. Ce qui eſt une preuve invincible que ces puiſſances ne ſont que l'effet des organes du corps conſtitués d'une certaine maniere.

Ce ci s'accorde aſſez avec l'opinion autres fois ſi generalement reçûë dans le monde, & adoptée de preſque tous les Philoſophes de ce tems, du paſſage des ames d'un corps dans un autre, & s'explique fort naturellement dans ce sistême; étant évident par ces observations que la portion de l'ame universelle ou parties de cette portion qui aura servi à animer un corps humain pourra servir à animer celui d'une autre espece: & pareillement celles dont les corps d'autres animaux auront été animés, & celle qui aura fait pousser un arbre, ou une plante pourra être employée réciproquement à animer des corps humains; de la même maniere que les parties de la flamme qui auroient embrasé du bois pourroient embraser une autre matiere combustible.

Ce Philosophe moderne pousse cette pensée plus loin, & il prétend qu'il n'y a pas de moment où les ames particulieres ne se renouvellent dans les corps animés par une succession continuelle des parties de l'ame universelle aux particulieres; ainsi que les particules de

la

la lumiere d'une bougie ou d'une autre flamme sont sans cesse supplée par d'autres qui les chassent, & sont chassées à leur tour par d'autres.

En vain ajoûte-t'il, les Egiptiens se persuadoient-ils, qu'après un certain tems limité, pendant lequel la portion de l'ame universelle dont leur corps auroit été animé passeroit successivement dans d'autres corps, cette partie acqueroit le don d'un être particulier, spirituel & immortel. En vain sur cette espérance & l'opinion que leurs corps restants entiers leurs ames ne passeroient pas en d'autres habitations, ils les faisoient embeaumer & conserver avec soin. Envain les banians dans la crainte de manger l'ame de leurs freres, s'abstiennent encore aujourd'hui de tout ce qui a eu vie. Et en vain les anciens Juifs se sont-ils fait une loi

loi de ne point manger le ſang des animaux (loi qui s'obſerve encore aujourd'hui parmi les malheureux reſtes de cette nation.) Envain, dis-je, ſe ſont-ils fait une telle loi pour cette ſeule raiſon qu'ils penſoient que c'étoit dans le ſang que conſiſtoit leur ame; car la réünion des ames particulieres à la générale, à la mort de l'animal, eſt auſſi promte & auſſi entiere que le retour de la flamme à ſon principe, auſſi-tôt qu'elle eſt ſéparée de la matiere à la qu'elle elle étoit unie. L'eſprit de vie dans lequel les ames conſiſtent, d'une nature encore plus ſubtile que celle de la flamme, ſi elle n'eſt la même, n'eſt ni ſuſceptible d'une ſéparation permanente de la matiere dont il eſt tiré, ni capable d'être mangé, & eſt immédiatement & eſſentiellement uni dans l'animal vivant avec l'air dont ſa reſpiration eſt entretenuë.

Cet

Cet esprit est porté, ajoûte notre Philosophe, sans interruption dans les poulmons de l'animal avec l'air qui entretient leur mouvement : il est poussé avec lui dans les veines par le souffle des poulmons; il est répandu par celles-ci dans toutes les autres parties du corps. Il fait le marcher & le toucher dans les unes, le voir, l'entendre, le raisonner dans les autres. Il donne lieu aux diverses passions de l'animal. Ses fonctions se perfectionnent & s'affoiblissent selon l'accroissement ou diminution des forces dans les organes. Elles cessent totalement; & cet esprit de vie s'envole & se réünit au général, lors que les dispositions qui le maintenoient dans le particulier viennent à cesser.

CHAPITRE QUATRIE'ME.

Suite de la réfutation des preuves de l'immortalité de l'ame.

A l'égard de la preuve qu'on prétend tirer de la composition du corps humain pour l'immortalité de son ame, ceux qui la nient font voir qu'elle est une pure imagination; qu'il n'y a rien dans l'intérieur de l'homme qui le distingue des autres animaux: que les organes d'un moucheron & du plus petit des insectes sont d'autant plus admirables que dans une petitesse qui échape au meilleur microscope, ils sont les mêmes que ceux de l'homme; qu'ils ont un cœur, des poulmons & des entrailles comme nous. Qu'à l'égard de l'extérieur, plusieurs animaux surpassent en beauté celui de l'homme; le plumage

plumage admirable de cent oiseaux différens, les peaux de tant d'animaux si diversement & si agréablement marqués & colorés étant bien au-dessus de la nudité du corps humain, de ses cheveux, de son poil & de sa barbe, dont il est bien plus défiguré qu'orné. Que l'aigle à l'oeil mille fois plus vif & plus perçant que l'homme, qu'il voit du plus haut des nuës le plus petit animal qui rampe sur la terre, qu'il regarde fixément le soleil sans en être incommodé; que l'homme est foible en comparaison de certains animaux; plus tardif à la course, moins courageux; qu'il ne vit pas en comparaison d'un Cerf, qu'il n'a aucune deffense naturelle, & qu'il est obligé de se faire des armes pour supléer à celles que la nature lui a réfusées, & de s'environner de murs pour se garantir de l'insulte des autres animaux.

 Quand

Quand à l'avantage qu'on prétend tirer en faveur de l'immortalité de ſon ame de l'opinion repanduë parmi diverſes nations d'une autre vie après celle-ci ; les partiſans de l'opinion contraire diſent qu'une telle croyance eſt moins une preuve de cette immortalité que de l'amour propre des hommes ; leſquels ne pouvant penſer qu'avec douleur à la certitude de leur anéantiſſement, ont imaginé cette flatteuſe maniere d'exiſter après la deſtruction du corps dans une partie d'eux mêmes qui ne ſeroit pas ſujette à cette deſtruction.

Que les Légiſlateurs & les Magiſtrats ont toûjours favoriſé cette opinion dans la vûë de contenir les méchans par la crainte des peines inévitables pour eux dans une autre vie en punition des crimes qu'ils auroient commis dans celle-ci & dont ils n'auroient point été

châtiés ;

châtiés ; & d'exciter les hommes à la vertu par l'espoir d'une récompense après leur mort des bonnes oeuvres qui auroient exercé durant cette vie.

Quels Ministres des réligions intéressés à faire valoir ces sentimens à cause des offrandes que les autres font par leurs mains à la divinité, les uns en expiation de leurs crimes, & les autres pour se la rendre propice apres leur mort, n'oublioient rien pour les inspirer aux peuples : que de là sont venuës les descriptions de la vie heureuse préparée aux manes des bons dans les champs élisées, & celle des tourmens aux quels celles des méchans seront livrées après leur mort, les roües des Ixions & les autres suplices qu'on lit dans les livres des Grecs & des Romains.

Que les Législateurs des derniers siécles pour reprimer la supériorité que l'esprit humain commençoit de prendre sur cette opinion, ont crû ne pouvoir employer à cet effet rien de plus puissant que d'augmenter au point qu'on le voit dans leurs livres, les images de félicité en une autre vie pour les bons, & de tourmens pour les méchans: sans qu'il y ait rien de plus réel en cela que dans le bonheur & les supplices chanté anciennement par les Poëtes, pour les uns & pour les autres.

Qu'il n'est pas étonnant que ces peintures du bien & du mal faites aux enfans dès le berceau prévalent sur les actes postérieurs de leur raison, & soient crus par des hommes naturellement foibles, remplis de crainte, d'espérance & de soumission pour les dogmes d'une Réligion qu'ils ont succés avec le lait, & que les pensées de la mort renouvellent à mesure qu'ils en appro-

approchent d'avantage.

Que cependant l'opinion de l'immortalité de l'ame n'a jamais été generale & ne le sera apparemment jamais ; que la plus part des anciens Philosophes l'ont cruë mortelle ou passagere d'un corps dans l'autre, ainsi que leurs livres en font foy ; que plusieurs d'entre les Juifs, ainsi qu'on peut le lire dans Joseph leur historien, ces hommes si rigides observateurs d'une rude loi ne croyoient pas l'immortalité de l'ame & n'attendoient de la divinité que des peines ou des récompenses temporelles de leur attachement, ou de leur infidélité à l'exécution de ce qui leur étoit ordonné ; & que ce ne fut que sous le régne d'Auguste que la secte des Esseniens, dont étoit Jesus-Christ, se distingua par cette nouvelle opinion.

Quand à la conséquence qu'on tire

tire de la néceſſité d'une autre vie où les bons non récompenſés en celle-ci de leurs vertus & les méchans non punis de leurs crimes trouve cette récompenſe ou cette punition ; ils nient cette néceſſité & diſent que les bons ſont récompenſés dès-celle-ci de leurs vertus ou par l'eſtime des autres hommes de laquelle ils joüiſſent ou par le témoignage de leur propre conſcience. Que d'ailleurs le bien ou le mal, hors la douleur, n'étant qu'opinion la privation des hommes, des richeſſes, des commodités, même de la vie, n'eſt un mal que pour ceux qui s'en affligent : & la poſſeſſion des mêmes choſes qu'un bien pour ceux qui les regardent comme tels ; que faire du bien, aider ſon prochain eſt une ſatisfaction qui tient lieu de récompenſe dans cette vie à ceux qui le ſont ; qu'oprimer ſon voiſin, lui ravir les

les biens ou la vie est une conduite qui produit dans les cœurs des remords ou des craintes qui tiennent lieu aux méchans des peines prononcées par les loix contre ceux qui commettent ces violences, lors qu'elles restent impunies.

Ils ajoûtent que souffrir la douleur, les maladies, les infirmités avec constance est une diminution & un soulagement à ces maux & un moyen d'y résister ou d'en guérir : qu'endurer les persécutions ou les traverses avec patience ou soumission est un moyen de les moins sentir. Que la tranquillité de l'ame au milieu des adversités est préférable au remords & aux craintes qu'éprouvent les injustes & les méchans au milieu des biens & des honneurs qu'ils ont acquis par des voyes blamables.

Qu'enfin il n'y a aucune obligation pour Dieu de récompenser les

les bonnes actions ou de punir les mauvaises ; ni par conséquent de nécessité qu'il y ait une autre vie où les hommes reçoivent ces peines ou ces récompenses qu'ils nous paroissent n'avoir point reçûës dans celle-ci : qu'on pourroit tirer la même conséquence de l'impunité en cette vie de cent meurtres que le Tigre, le Lyon, & d'autres animaux commettent journellement de leurs pareils. Que c'est une illusion de notre amour propre de nous imaginer que nous sommes d'une nature si différente de la leur & si excellente, qu'il est nécessaire qu'il y ait une autre vie où Dieu est obligé de rendre aux hommes une justice qu'ils estiment n'avoir pas reçûë dans celle-ci.

Pour ce qui est de l'objection qu'il n'y a que les libertins ou les impies qui cherchent à se persuader de l'anéantissement de leurs ames par la crainte d'un avenir fâcheux pour eux dans une autre vie ; ils répondent ? que les promesses du pardon des plus grandes fautes pour un seul repentir de les avoir commises, jointes à la réconnoissance de l'expiateur & de ses mérites annoncés dans la réligion chrétienne ; & pour un seul acte de profession d'un seul Dieu, & du choix qu'il a fait de Mahomet pour l'accomplissement de la loi suffisant dans la réligion Mahometane pour éviter les supplices préparés dans une autre vie à ceux qui n'entreront pas dans ces dispositions ; & mériter au contraire des biens inéfables.

Cette idée bien loin de porter les libertins & les impies à combatre, avec tant de risque pour eux, l'opinion de l'immortalité de l'ame, les doit au contraire engager à embrasser un parti qui doit leur

leur coûter si peu pour les rendre éternellement heureux & leur épargner des supplices sans fin.

Enfin après avoir combattu de cette sorte les raisons dont on prétend prouver l'immortalité de l'ame humaine ; ils ajoûtent qu'il n'y en a aucune de concluante, & qu'elles ne sont au plus à notre amour propre que des motifs de l'espérer, & de flatter de la possibilité d'une chose inconcevable à l'esprit & totalement opposée au rapport de nos sens. Qu'il ne s'est point fait sur cette matiere si intéressante pour nous des nouvelles découvertes, depuis ce qu'un grang Philosophe précepteur d'un Empereur Romain écrivoit à un de ses amis, il y a mille sept cent ans. Quand votre lettre m'est revenuë, lui disoit-il, en lui faisant réponse, j'étois occupé à la lecture de ce que les Philosophes ont écrit sur la nature

ture de l'ame humaine ; de l'immortalité de laquelle ils nous donnent bien plus d'espérance qu'ils ne nous apportent de preuves : *legebam libros Philosophorum, animarum immortalitatem promittentium magis quam probantium ;* & ils concluent en assurant que c'est encore le jugement qu'on doit porter aujourd'hui de toutes les raisons que l'on allegue en faveur de cette immortalité.

Ils rapportent contre l'autorité des Evangiles en faveur de cette opinion le passage suivant.

Messalâ consule, anastasio Imperatore jubente, Sancta Evangelia, tanquam ab idiotis Evangelistis composita, reprehenduntur & emandatur.

Ce passage est tiré du Chronicon de Victor Muis, Evêque d'Affrique, qui fleurissoit dans le sixiéme siécle. L'Abbé Hourteville dans ſon livre de la Religion Chrétienne* à employé deux pages pour ruïner la conſéquence qu'on tire de ce paſſage contre l'anthenticité des Evangiles; mais il en réſulte toûjours que l'altération ſi bien marquée à été faite.

* 70.

FIN.

TRAITE'

DE LA LIBERTE' PAR M...

divisé en 4. Parties.

Premiere Partie.

ON suppose toûjours la liberté des hommes & la Prescience de Dieu sur les actions libres des hommes, & la difference n'est que d'accorder ensemble ces deux chose là, cépendant ni l'une ni l'autre n'est pas trop prouvée, peut-être même s'embarasse-t'on d'une question dont les parties ne sont pas vrayes. Je prend la chose de plus loin & j'examine premierement, si Dieu peut prévoir les actions des causes libres, & en second, si les hommes le sont.

Sur la premiere question, je dis, que j'appelle prescience toute connoissance de l'avenir.

La nature de la prescience de Dieu m'est inconnuë, mais je connois dans les hommes cette prescience par laquelle je puis juger de celle de Dieu, parce qu'elle est commune à Dieu & à tous les hommes.

Les Astronomes prévoient infailliblement les Eclipses ; Dieu les prevoit aussi.

Cette prescience de Dieu & cette prescience des Astronomes sur les Eclipses conviennent en ce que Dieu & les Astronomes connoissent un ordre nécessaire & invariable dans le mouvement des corps célestes, & qu'ils prévoient par conséquent les Eclipses qui sont dans cet ordre-là.

Ces presciences different, premierement, en ce que Dieu connoît

noît dans les mouvemens céleftes, l'ordre qu'il y a mis lui même & que les Aftronomes ne sont pas les Auteurs de l'ordre qu'ils y connoiffent.

Secondement en ce que la prefcience de Dieu eft tout-à-fait exacte, & que celle des Aftronomes ne l'eft pas ; parce que les lignes des mouvemens céleftes ne sont pas si régulieres qu'ils le suppofent, & que leurs obfervations ne peuvent pas être de la pemiere juftefſe.

On n'y peut trouver d'autres convenances, n'y d'autres différences.

Pour rendre la préfcience des Aftronomes fur les Eclipfes égale à celle de Dieu, il ne faudroit que remplir ces différences.

La premiere ne fait rien d'ellemême à la chofe, il n'importe pas d'avoir établi un ordre pour en prévoir les ſuites, il ſuffit de connoître cet ordre auſſi parfaitement que ſi on l'avoit établi, & quoi qu'on ne puiſſe pas en être l'Auteur ſans le connoître, on peut le connoître ſans en être l'Auteur.

En effet, ſi la preſcience ne ſe trouvoit qu'où ſe trouve la puiſſance, il n'y auroit aucune preſcience dans les Aſtronomes ſur les mouvemens céleſtes, puiſqu'ils n'y ont aucune puiſſance. Ainſi Dieu n'a pas la preſcience en qualité d'Auteur de toutes les choſes, mais il l'a en qualité d'être qui connoît l'ordre qui eſt en toutes choſes.

Il ne reſte donc qu'à remplir la deuxiéme différence qui eſt entre la preſcience de Dieu & celles des Aſtronomes. Il ne faut pour cela que ſuppoſer les Aſtronomes parfaitement inſtruits de l'irrégularité des mouvemens céleſtes & les obſervations de la derniere juſteſſe.

Il

Il n'y a nulle absurdité à cette supposition.

Ce seroit donc avec cette condition qu'on pourroit assurer sans témérité, que prescience des Astronomes sur les Eclipses, seroit presscisément égale à celle de Dieu en qualité de simple prescience : donc la prescience de Dieu sur les Eclipses ne s'étendroit pas à des choses où celle des Astronomes ne pourroit s'étendre.

Or il est certain que quelques habiles que fussent les Astronomes, ils ne pourroient pas prévoir les Eclipses, si le Soleil ou la Lune pouvoient quelquefois se détourner de leurs cours indépendamment de quelque cause que ce soit, & de toute regle.

Donc Dieu ne pourroit pas non plus prévoir les Eclipses, & ce deffaut de prescience en Dieu ne viendroit non plus que d'où viendroit le deffaut de prescience des Astronomes.

Or le deffaut de prescience dans les Astronomes ne viendroit pas de ce qu'ils ne seroient pas les Auteurs des mouvemens célestes, puis que cela est indifférent à la prescience, ni de ce qu'ils ne connoîtroient pas assez bien les mouvemens, puis qu'on suppose qu'ils les connoîtroient aussi bien qu'il seroit possible; mais le deffaut de prescience en eux, viendroit uniquement de ce que l'ordre établi dans les mouvemens célestes ne seroit pas nécessaire & invariable: donc de cette même cause viendroit en Dieu le deffaut de prescience.

Donc Dieu bien qu'infiniment puissant & infiniment intelligent, ne peut jamais prévoir ce qui ne dépend pas d'un ordre nécessaire & invariable.

Donc Dieu ne prévoit point du tout

tout les actions des causes qu'on appelle libres.

D'où il n'y a point de causes libres, où Dieu ne prévoit point leurs actions.

En effet il est aisé de concevoir que Dieu prevoit infailliblement tout ce qui regarde l'ordre phisique de l'univers, parce que cet ordre est nécessaire & sujet à des régles invariables qu'il a établies. Voila le principe de sa prescience.

Mais sur quel principe pourroit-il prévoir les actions d'une cause que rien ne pourroit déterminer nécessairement? le second principe de prescience qui devroit être différent de l'autre, est absolument inconcevable ; & puisque nous en avons un qui est aisé à concevoir, il est plus naturel & plus conforme à l'idée de la simplicité de Dieu de croire que ce principe est

le ſeul ſur lequel toute ſa preſcien-
eſt fondée.

Il n'eſt point de la grandeur de Dieu de prévoir des choſes qu'il auroit faites lui-même de nature à ne pouvoir être prévuës.

Deuxiéme Partie.

Il ne faudroit donc point ôter la liberté aux hommes pour conſerver à Dieu une preſcience univerſelle, mais il faudroit auparavant ſavoir ſi l'homme eſt libre en effet.

Examinons cette deuxiéme queſtion en elle-même & ſur ces principes eſſentiels, ſans même avoir égard au préjugé du ſentiment que nous avons de notre liberté, & ſans nous embarraſſer de ſes conſéquences, voici ma penſée.

Ce qui eſt dépendant d'une choſe à certaines proportions avec cet-

te

te même chose là, c'est-à-dire, qu'il reçoit des changemens quand elle en reçoit selon la nature de leur proportion.

Ce qui est indépendant d'une chose n'a aucune proportion avec elle, en sorte qu'il demeure égal quand elle reçoit des augmentations & des diminutions.

Je suppose avec tous les Metaphisiciens. 1°. Que l'ame pense selon que le cerveau est disposé, & qu'à de certaines dispositions materielles du cerveau, & à de certains mouvemens qui s'y font, répondent certaines pensées de l'ame. 2°. Que tous les objets, mêmes spirituels, ausquels on penses, laissent des dispositions materielles, c'est-à-dire, des traces dans le cerveau. 3°. Je suppose encore un cerveau où soient en même tems deux sortes de dispositions materielles, contraires & d'égale force;

les unes qui portent l'ame à penſer vertueuſement ſur un certain ſujet, les autres qui la portent à penſer vicieuſement.

Cette ſuppoſition ne peut-être refuſée, les diſpoſitions materielles contraires ſe peuvent aiſément rencontrer enſemble dans le cerveau au même degré, & s'y rencontrent même néceſſairement toutes les fois que l'ame délibere & ne ſait quel parti prendre.

Cela ſuppoſé, je dis : où l'ame ſe peut abſolument déterminer dans cet équilibre des diſpoſitions du cerveau à choiſir entre les penſées vertueuſes & les penſées vicieuſes, ou elle ne peut abſolument ſe déterminer dans cet équilibre.

Si elle peut ſe déterminer, elle a en elle-même le pouvoir de ſe déterminer, puis que dans ſon cerveau tout ne tend qu'à l'indétermination,

nation, & que pourtant elle ſe détermine.

Donc ce pouvoir qu'elle a de ſe déterminer eſt indépendant des diſpoſitions du cerveau.

Donc il n'a nulle proportion avec elles.

Donc il demeure le même quoi qu'elles changent.

Donc ſi l'équilibre du cerveau ſubſiſtent, l'ame ſe détermine à penſer vertueuſement, elle n'aura pas moins le pouvoir de s'y déterminer quand ce ſera la diſpoſition materielle à penſer vicieuſement qui l'emportera ſur l'autre.

Donc à quelque degré qu puiſſe monter cette diſpoſition materielle aux penſées vicieuſes, l'ame n'en aura pas moins le pouvoir de ſe déterminer aux choix des penſées vertueuſes.

Donc l'ame a en elle-même le pouvoir de ſe déterminer malgré toutes

tes les dispositions contraires du cerveau.

Donc les pensées de l'ame sont toûjours libres. Venons au second cas.

Si l'ame ne peut se déterminer absolument, cela ne vient que de l'équilibre supposé dans le cerveau, & l'on conçoit qu'elle ne se déterminera jamais si l'une des dispositions ne vient à l'emporter sur l'autre, & qu'elle se déterminera nécessairement pour celle qui l'emportera.

Donc le pouvoir qu'elle a de se déterminer aux choix des pensées vertueuses ou vicieuses est absolument dépendant des dispositions du cerveau.

Donc pour mieux dire, l'ame n'a en elle-même aucun pouvoir de se déterminer, & ce sont les dispositions du cerveau qui la déterminent au vice ou à la vertu.

Donc

Donc les pensées de l'ame ne sont jamais libres.

Or en assemblant les deux cas, où il se trouve que les pensées de l'ame sont toûjours libres, ou qu'elles ne le sont jamais en quelque cas que ce puisse être.

Or il est vrai & reconnu de tous, que les pensées des enfans, de ceux qui rêve. De ceux qui ont la fievre chaude & de fols ne sont jamais libres.

Il est aisé de reconnoître le nœud de ce raisonnement. Il établit un principe, uniforme dans l'ame, en sorte que le principe est toûjours, ou indépendant des dispositions du cerveau, ou toûjours dépendant, au lieu que dans l'opinion commune, on le suppose quelque fois dépendant, & d'autres indépendant.

On dit que les pensées de ceux qui ont la fievre chaude & des fols ne ne ſont pas libres, parce que les diſpoſitions materielles du cerveau ſont attenüées & élevées à un tel dégré que l'ame ne leur peut réſiſter, au lieu que dans ceux qui ſont ſains les diſpoſitions du cerveau, ſont moderées & n'entraînent pas néceſſairement l'ame.

Mais premierement dans ce ſiſtême, le principe n'étant pas uniforme, il faut qu'on l'abandonne, ſi je puis expliquer tout par un qui le ſoit.

Secondement ſi un poids de cinq livres pouvoit n'être pas emporté par un poids de ſix, vous concevrés qu'il ne le ſeroit pas non plus par un poids de mille livres; car s'il reſiſtoit au poids de ſix livres par un principe indépendant de peſanteur, & ce principe quel qu'il fut, n'auroit pas plus de proportion avec un poids de mille livres qu'avec un poids de ſix, parce qu'il ſeroit

roit d'une nature toute différente de celle des poids.

Ainsi si l'ame resiste à une disposition materielle du cerveau qui la porte à un choix vicieux, & qui, quoi que moderée, est pourtant plus forte que la disposition materielle à la vertu, il faut que l'ame resiste à cette même disposition materielle du vice quand elle sera infiniment au-dessus de l'autre, parce qu'elle ne peut lui avoir résisté d'abord que par un principe indépendant des dispositions du cerveau & qui ne doit pas changer par les dispositions du cerveau.

En troisiéme lieu si l'ame pouvoit voir très-clairement malgré une disposition de l'œil qui devroit affoiblir la vûë, on pourroit conclure, qu'elle verroit encore malgré une disposition de l'œil qui devroit empêcher entierement la vision, en tant qu'elle est materielle.

4°. On convient que l'ame dépend absolument des dispositions du cerveau sur ce qui regarde le plus ou le moins d'esprit ; cépendant si sur la vertu ou le vice les dispositions du cerveau ne déterminent l'ame que lors qu'elles sont extrême, & qu'elles lui laissent la liberté lors qu'elles sont moderées, en sorte qu'on peut avoir beaucoup de vertu malgré une disposition mediocre au vice, il devroit être aussi, qu'on peut avoir beaucoup d'esprit malgré une disposition médiocre à la stupidité, ce qu'on ne peut pas admettre ; il est vrai que le travail augmente l'esprit, ou pour mieux dire, qu'il fortifie les dispositions du cerveau, & qu'ainsi l'esprit croît précisément autant que le cerveau se perfectionne.

En cinquiéme lieu, je suppose que toute la différence qui est entre un un cerveau qui veille & un cerveau qui dort ; est qu'un cerveau qui dort est moins rempli d'esprits, & que les nerfs y sont moins tendus, de sorte que les mouvemens ne se communiquent pas d'un nerf à l'autre, & que les esprits qui rouvrent une trace, n'en rouvrent pas une autre qui lui est liée.

Cela supposé, si l'ame est en pouvoir de résister aux dispositions du cerveau, lors qu'elles sont foibles, elle est toûjours libre dans les songes, où les dispositions du cerveau qui la portent à de certaines choses, sont toûjours très-foibles. Si l'on dit que c'est qu'il ne se présente à elle que d'une sorte de pensées qui n'offrent point de matiere de délibération, je prends un songe où l'on délibére si l'on tuera son ami, ou si on ne le tuera pas, ce qui ne peut être produit que par des dispositions materielles du cerveau

veau qui ſoient contraires ; & en ce cas il paroît que ſelon les principes de l'opinion commune, l'ame devroit être libre.

Je ſuppoſe qu'on ſe réveille lors qu'on étoit réſolu à tuer ſon ami, & que dès qu'on eſt réveillé on ne le veut plus tuer, tout le changement qui arrive dans le cerveau, c'eſt qu'il ſe remplit d'eſprits, c'eſt que les nerfs ſe tendent ; il faut voir comment cela produit la liberté.

La diſpoſition materielle du cerveau qui me portoit en ſonge à vouloir tuer mon ami, étoit plus forte que l'autre. Je dis, où le changement qui arrive à mon cerveau fortifie également tous les deux, elles demeurent dans la même diſpoſition où elles étoient. L'une reſtant par exemple trois fois plus forte que l'autre, & vous ne ſauriés concevoir pourquoi l'ame
eſt

est libre quand l'une de ces dispositions a dix degrés de force & l'autre trente, & pourquoi elle n'est pas libre quand l'une de ces dispositions n'a qu'un dégré de force & l'autre que trois.

Si ce changement du cerveau n'a fortifié que l'une de ces dispositions, il faut pour établir la liberté que ce soit celle contre laquelle je me détermine, c'est-à-dire celle qui me portoit à vouloir tuer mon ami, & alors vous ne sauriez concevoir pourquoi la force qui survient à cette disposition vicieuse est nécessaire pour faire que je puisse me déterminer en faveur de la disposition vertueuse qui demeure la même; ce changement paroît plû-tôt un obstacle à la liberté: enfin s'il fortifie une disposition plus que l'autre, il faut encore que ce soit la disposition vicieuse, & vous ne sauriez concevoir non plus pourquoi

quoi la force qui lui survient est nécessaire pour faire que l'une puisse faire embrasser l'autre qui est toûjours la plus foible, quoi que plus forte qu'auparavant.

Si l'on dit que ce qui empêche pendant le sommeil la liberté de l'ame, c'est que les pensées ne se présentent pas à elle avec assez de netteté & de distinction. Je réponds que le deffaut de netteté & de distinction dans les pensées peut seulement empêcher l'ame de se déterminer avec assez de connoissance, mais qu'il ne la peut empêcher de se déterminer librement & qu'il ne doit pas ôter la liberté, mais seulement le mérite ou le démerite de la résolution qu'on prend.

L'obscurité & la confusion des pensées fait que l'ame ne sait pas assez sur quoi elle délibere, mais elle ne fait pas que l'ame ne soit entraînée nécessairement à un parti, ri, autrement si l'ame étoit nécessairement entraînée, ce seroit sans doute par celles de ses pensées obscures & confuses qui le seroient le moins, & je demanderois pourquoi le plus de netteté & de distinction dans les pensées la détermineroit nécessairement pendant que l'on dort & non pas pendant que l'on veille, & je ferois revenir tous les raisonnemens que j'ai faits sur les dispositions materielles.

Il paroît donc que le principe commun que l'on suppose inégal & tantôt dépendant & tantôt indépendant & des dispositions du cerveau, est sujet à des difficultés insurmontables, & qu'il vaut mieux établir le principe par lequel l'ame se détermine toûjours dépendante des dispositions du cerveau en quelque cas que ce puisse être.

Cela

Cela eſt plus conforme à la phiſique, ſelon la qu'elle il paroît que l'état de veille, ou celui de ſommeil, une paſſion ou une fiévre chaude, l'enfance & l'age avancé, ſont des choſes qui ne different réellemement que du plus ou du moins, & qui ne doivent pas par conſéquent emporter une différence eſſentielle, telle que ſeroit celle de laiſſer à l'ame ſa liberté, ou de ne la lui pas laiſſer.

Troiſiéme Partie.

Les difficultés les plus conſidérables de cette opinion ſont le pouvoir qu'on a ſur ſes penſées, & ſur les mouvemens volontaires du corps.

On convient que les premieres penſées ſont toûjours préſentées involontairement par les objets extérieurs, où, ce qui revint au même, me, par les dispositions intérieurs du cerveau, cela est très-vrai. Cépendant si l'ame formoit une premiere pensée indépendamment du cerveau, elle formeroit bien la seconde, & ensuite toutes les autres, & cela en quelqu'état que peut-être le cerveau. Mais on dit communément qu'après que cette premiere a été nécessairement offerte à l'ame, l'ame a le pouvoir de l'étouffer ou de la fortifier, de la faire cesser ou de la continuer.

Ce pouvoir n'est pas encore tout-a-fait indépendant du cerveau ; Car, par exemple, l'ame pourroit donc en songe disposer comme elle voudroit des pensées que les dispositions du cerveau lui auroient offertes.

Mais l'opinion commune est que dans l'état de la veille ou de la santé, l'ame a dans son cerveau des esprits ausquels elle peut imprimer

mer à son gré le mouvement qui est propre à étouffer ou à fortifier les pensées qui sont nées d'abord indépendamment d'elle.

Sur cela je remarque, que l'action des esprits dépend de trois choses, de la nature du cerveau sur lequel elles agissent, de leur nature particuliere & de la quantité ou de la détermination de leur mouvement.

De ces trois choses il n'y a précisément que la derniere dont l'ame puisse être maîtresse. Il faut donc que le pouvoir seul de mouvoir les esprits suffisent pour la liberté.

Or je dis premierement, que, si ce pouvoir de mouvoir les esprits suffit pour rendre l'ame libre sur la vertu ou sur le vice, quoi qu'elle ne soit maîtresse ni de la nature du cerveau, ni de celle des esprits, pourquoi ne suffira-t'elle pas pour rendre

rendre l'ame libre sur le plus ou le moins de connoissance & de lumieres naturelles ? Si la nature de mon cerveau & de mes esprits me disposent à la stupidité, le seul pouvoir de diriger le mouvement de mes esprits ne me mettra-t'il pas en état d'avoir si je veux beaucoup de discernement & de pénétration ?

En second lieu, si le pouvoir de diriger le mouvement des esprits ne suffit pas pour la liberté, puis que l'ame doit avoir ce pouvoir dans les enfans, & qu'elle n'est pourtant pas libre, ce qui l'empêche de l'être, est la seule nature de son cerveau, & peut-être encore celle de ses esprits.

3o. Pourquoi l'ame des fols n'est-elle pas libre, elle peut encore diriger le mouvement de ses esprits. Ce pouvoir est indépendant des dispositions où est le cerveau des fols. Si on dit que le mouvement naturel de leurs esprits est alors trop violent, il s'ensuit que dans cet état la force de l'ame n'a nulle proportion avec celle des esprits, qui l'emportent nécessairement, que dans un état plus modéré où la force de l'ame commence à avoir de la proportion avec celle des esprits, l'ame ne peut pas changer entierement le mouvement des esprits, mais seulement leur en donner un composé de celui qu'ils avoient d'abord & de celui qu'elle leur imprime de nouveau, ce qui est autant de rabattu sur la liberté de l'ame, & qu'enfin l'ame n'est entierement libre que quand elle imprime un mouvement aux esprits qui d'eux-mêmes n'en avoient aucun, ce qui apparemment n'arrive jamais.

En quatriéme lieu, l'ame devroit n'avoir jamais plus de facilité à diriger le mouvement des esprits que pendant le ſommeil, & par conſéquent elle ne devroit jamais être plus libre.

Si on dit que les penſées tant les premieres que les ſecondes, dépendent abſolument des diſpoſitions du cerveau, mais qu'elles ne ſont que la matiere des délibérations, & que le choix que l'ame en fait eſt abſolument libre ? Je demande ce qui met cette différence de nature entre les penſées. Et le choix qu'on en fait, & pourquoi les fols & ceux qui rêvent ne ſont pas des choix libres & indépendans des penſées aux quelles leur cerveau les détermine.

Sur les mouvemens volontaires du corps, l'opinion commune eſt, que l'on remuë librement le pied, le bras, & il eſt vrai que ces mouvemens ſont volontaires, mais il ne s'enſuit pas abſolument de là qu'ils ſoient libres. Ce qu'on fait parce qu'on le veut, eſt volontaire, mais il n'eſt point libre, à moins qu'on pût s'empêcher réellement ou effectivement de le vouloir.

Quand je remuë la main pour écrire, j'écrits parce que je le veut, & ſi je ne le voulois pas, je n'écrirois pas; cela eſt volontaire & n'a nulle contrainte. Mais il y a dans mon cerveau une diſpoſition materielle qui me porte à vouloir écrire, *en ſorte que je ne puis pas réellement* ne le point vouloir; cela eſt néceſſaire & n'a nulle liberté; ainſi ce qui eſt volontaire eſt en même tems néceſſaire, & ce qui eſt ſans liberté n'a pourtant pas de contrainte.

Concevez donc que comme le cerveau meut l'ame, en ſorte qu'à ſon mouvement répond une penſée de l'ame, l'ame meut le cerveau, en ſorte qu'à ſa penſée répond

un

un mouvement du cerveau.

L'ame est déterminée nécessairement par son cerveau à vouloir ce qu'elle veut, & sa volonté excite nécessairement dans son cerveau un mouvement par lequel elle l'exécute.

Ainsi si je n'avois point d'ame je ne ferois point ce que je fais, & si je n'avois point un tel cerveau, je ne le voudrois point faire.

Tous les autres mouvemens, comme celui du cœur &c. Ne sont point causés par l'ame. Elle ne fait rien que par des pensées, & ce qui n'est point l'effet d'une pensée, ne vient point d'elle.

Sur ce principe je puis satisfaire aisément à tout ce qui regarde les mouvemens volontaires; mais je veux qu'en me servant de réponse il me serve encore de nouvelles preuves.

Je suppose un fol qui veut tuer quel-

quelqu'un, & qui le tuë véritablement. Le mouvement du bras de ce fol est volontaire, c'est-à-dire produit par l'ame, parce qu'elle le veut; car s'il ne l'étoit pas il faudroit que la même disposition materielle du cerveau qui auroit portée l'ame du fol à vouloir tuer, eut aussi fait couler les esprits dans les nerfs de la maniere propre à remuer le bras, & que ce qui l'auroit fait vouloir, eût en même tems exécuté sa volonté, sans que l'ame s'en fut mêlée, n'ayant imprimé aucun mouvement au cerveau. D'où il suit évidemment. 1o. Que quand le fol auroit été une pure machine vivante qui nauroit point eu d'ame qui pensât, il auroit encore tué cet homme en prenant même les armes qui y sont propres, & en choisissant les endroits qui sont propres à blesser.

En second lieu, que quand ce fol

fol auroit été guerit, pourroit encore tuer un homme en le voulant tuer, mais sans le tuer précisément parce qu'il le voudroit, puisque les dispositions du cerveau qui le portoient à vouloir tuer, pourroient encore exciter dans son bras le mouvement par lequel il tueroit indépendamment de l'ame. Qu'ainsi, l'ame dans tous les hommes ne seroit la cause d'aucun mouvement, mais qu'elle le voudroit seulement dans le tems qu'il se feroit, & par conséquent l'ame ôtée, les hommes feroient encore tout ce qu'ils font, ce qui ne peut être admis.

Donc le mouvement du bras de ce fol est volontaire, mais certainement ce mouvement n'est pas libre.

Donc il n'est pas absolument de la nature des mouvemens volontaires d'être libres.

En

En effet c'eſt l'ame de ce fol qui remuë ſon bras parce qu'elle veut tuer, mais elle eſt portée néceſſairement à vouloir tuer par les diſpoſitions de ſon cerveau.

Quatriéme Partie.

Il ne me reſte plus qu'à découvrir la ſource de l'erreur où ſont tous les hommes ſur la liberté & la cauſe du ſentiment intérieur que nous avons.

Tous les préjugés ont un fondement, & après l'avoir trouvé, il faut trouver encore pourquoi on a donné dans l'erreur plûtôt que dans la vérité.

Les deux ſources de l'erreur où l'on eſt ſur la liberté, ſont que l'on ne fait que ce que l'on veut faire, & que l'on délibere trés-ſouvent ſi on fera ou ſi on ne fera pas.

Un esclave ne se croît point libre, parce qu'il sent qu'il fait malgré lui ce qu'il fait, & qu'il connoît la cause étrangere qui l'y force ; mais il se croiroit libre s'il se pouvoit faire qu'il ne connut point son maître, qu'il exécutat ses ordres sans le savoir & que ces ordres fussent toûjours conformes à son inclination.

Les hommes se sont trouvés en cet état, ils ne savent point que les dispositions du cerveau font naître toutes les pensées & toutes leurs diverses volontés ; & les ordres qu'ils reçoivent, pour ainsi dire, de leur cerveau sont toûjours conformes à leurs inclinations, puis qu'ils causent l'inclination même. ainsi l'ame a crû se déterminer elle-même, parce qu'elle ignoroit & ne connoissoit en aucune maniere le principe étranger de sa détermination.

On

On ſait qu'on fait tout ce que l'on veut, mais on ne ſait point pourquoi on le veut, il n'y a que les Phiſiciens qui le puiſſent déviner.

En ſecond lieu, on a déliberé, & parce qu'on s'eſt ſentit partagé entre vouloir & ne pas vouloir, on a crû après avoir pris un parti qu'on eût pû prendre l'autre, la conſéquence étoit mal tirée, car il pouvoit ſe faire auſſi bien qu'il fut ſurvenu quelque choſe qui eût rompu l'égalité qu'on voyoit entre les deux partis, & qui eût déterminé néceſſairement à un choix, mais on n'avoit gard de penſer à cela puiſqu'on ne ſentoit pas ce qui étoit ſurvenu de nouveau & qui déterminoit l'irréſolution, & faute de la ſentir, on a dû croire que l'ame s'étoit déterminée elle-même & indépendamment de toute cauſe étrangere.

Ce

Ce qui produit la délibération & ce que le commun des hommes n'a pû déviner, c'est l'égalité de force qui est entre deux dispositions contraires du cerveau & qui donne à l'ame des pensées contraires; tant que cette égalité subsiste, on délibere, mais dès-que l'une des deux dispositions materielles l'emporte sur l'autre par quelque cause phisique que ce puisse être, les pensées qui lui répondent se fortifient & deviennent un choix. De là vient qu'on se détermine souvent sans rien penser de nouveau, mais seulement parce qu'on pense quelque chose avec plus de force qu'auparavant. De là vient aussi qu'on se détermine sans savoir pourquoi. Si l'ame s'étoit déterminée elle-même, elle devroit toûjours en savoir la raison. Dans l'état de veille le cerveau est plein d'esprits & les nerfs sont tendus, de sorte que mouvemens se communiquent d'une trace à l'autre qui lui est liée. Ainsi comme vous n'avez jamais oüi parler d'un homicide que comme d'un crime ; dès qu'on vous y fait penser le même mouvement des esprits va couvrir les traces qui vous répresentent l'horreur de cette action, & en un mot sur quelque sujet que ce soit toutes les traces qui y sont liées se rouvrent & vous fournissent par conséquent toutes les différentes pensées qui peuvent naître sur cela.

Mais dans le sommeil le déffaut d'esprit & le relachement des nerfs font que le mouvement des esprits qui rouvrent, par exemple, les traces qui vous font penser à un homicide, ne rouvrent pas nécessairement celles qui y sont liées & qui vous le représentoient comme un crime ; & en géneral il ne

se

se présente point à vous tout ce que vous pouvez penser sur chaque sujet, c'est pourquoi on se croit libre en veillant, & non pas en dormant, quoi que dans l'un & l'autre état, l'ame soit également déterminée par les dispositions du cerveau.

On ne croit pas que les fols soient libres parce que toutes les dispositions de leur cerveau sont si fortes pour de certaines choses qu'ils n'en ont point du tout, ou n'en ont que d'infiniment foibles qui les portent aux choses contraires, & que par conséquent ils n'ont point le pouvoir de déliberer, au lieu que dans les personnes qui ont l'esprit sain, le cerveau est dans un certain équilibre qui produit les délibérations.

Mais il est évident qu'un poids de cinq livres emporté par un poids de six, est emporté aussi nécessairement que par un poids de mille livres, quoiqu'il le soit avec moins de rapidité ; ainsi ceux qui ont l'esprit sain étant déterminés par une disposition du cerveau qui n'est qu'un peu plus forte que la disposition contraire, sont déterminés aussi nécessairement que ceux qui sont entraînés par une disposition qui n'a été ébranlée d'aucune autre ; mais l'impétuosité est bien moindre dans les uns que dans les autres, & il paroît qu'on a pris l'impetuosité pour la nécessité, & la douceur du mouvement pour la liberté. On a bien pû par le sentiment interieur juger de l'impétuosité ou de la douceur du mouvement, mais on ne peut que par la raison, juger de la nécessité ou de la liberté.

Quant à la morale, ce sistême rend la vertu, un pur bonheur, & le vice un pur malheur, il détruit

truit donc toute la vanité & toute la présomption qu'on peut tirer de la vertu, & donne beaucoup de pitié pour les méchans sans inspirer de haine contre eux. Il n'ôte nullement l'espérance de les corriger ; parce qu'à force d'exhortations & d'exemples, on peut mettre dans leur cerveau les dispositions qui les déterminent à la vertu, & c'est ce qui conserve les loix, les peines & les récompenses.

Les criminels sont des monstres qu'il faut étouffer en les plaignant, leur suplice en délivre la societé & épouvante ceux qui seroient porté à leur ressembler.

On ne doit qu'à son temperamment même les bonnes qualités, ou le penchant au bien, & il n'en faut point faire honneur à une certaine raison dont on reconnoît en même tems l'extrême foiblesse.

Ceux qui ont le bonheur de pouvoir travailler ſur eux-mêmes fortifient les diſpoſitions naturelles qu'ils avoient au bien.

Enfin ce ſiſtême ne change rien à l'ordre du monde, ſi non qu'il ôte aux honnêtes gens un ſujet de s'eſtimer & de mépriſer les autres, & qu'il les porte à ſouffrir des injures ſans avoir d'indignation ni d'aigreur contre ceux dont ils les reçoivent. J'avouë néanmoins que l'idée que l'on a de ſe pouvoir retenir ſur le vice eſt une choſe qui aide ſouvent à nous retenir, & que la vérité que nous venons de découvrir eſt dangereuſe pour ceux qui ont de mauvaiſes inclinations. Mais ce n'eſt pas la ſeule matiere ſur laquelle il ſemble que Dieu ait pris ſoin de cacher au commun des hommes les verités qui leur auroient pû nuire.

Au

Au surplus ce sistême est très-uniforme & le principe en est très-simple, la même chose décide de l'esprit naturel & des mœurs, & selon les différens dégrés qu'elle reçoit, elle fait la différence des fols & des sages, de ceux qui dorment & de ceux qui veillent &c.

Tout est compris dans un ordre phisique, où les actions des hommes sont à l'égard de Dieu la même chose que les Eclipses, & où il prévoit les uns & les autres sur le même principe.

Hæc refutando transcripsi digniori modo sentiens de libertate.

FIN.

RE'FLEXION SUR L'EXISTENCE DE L'AME.

ET SUR L'EXISTENCE DE DIEU.

LEs préjugés que l'éducation de notre enfance nous fait prendre sur la réligion, sont ceux dont nous nous défaisons plus difficilement, il en reste toûjours quelque trace, souvent même après nous en être entierement éloigné; lassez d'être livrés à nous-mêmes, un ascendant plus fort que nous, nous entraîne & nous y fait revenir. Nous changeons de mode &

de langage, il eſt mille choſes ſur leſquelles inſenſiblement nous nous accoûtumons à penſer autrement que dans l'enfance, notre raiſon ſe porte volontiers à prendre ces nouvelles formes; mais les idées qu'elle s'eſt faites ſur la réligion, ſont d'une eſpece reſpectable pour elle, rarement oſe-t'elle les examiner, & l'impreſſion que ces préjugés ont fait ſur l'homme encore enfant, ne périt communément qu'avec lui. On ne doit pas s'en étonner, l'importance de la matiere que ces préjugés décident à l'exemple de tous les hommes que nous voyons en être réellement perſuadés, ſont des raiſons plus que ſuffiſantes pour les graver dans notre cœur, de maniere qu'il ſoit difficile de les en éffacer. L'amour propre eſt de tous les âges, il naît avec nous; à tout âge on eſpere & l'on craint, on veut ſe

conſerver

conſerver avant de ſe connoître : il n'eſt pas étonnant que des préjugés qui ſont nos craintes & nos eſpérances, faſſent une impreſſion profonde dans un cœur tout neuf, ouvert pour recevoir les premieres qu'on voudra lui donner. Agités par l'eſpérance & par la crainte nous ne ſommes pas aſſez éclairés pour guider ces deux paſſions, & nous nous en rapportons là deſſus à ceux qui ſont plus ſages, à qui nous voyons pratiquer les leçons qu'ils nous donnent, & mettre par là le dernier Sceau à leur ouvrage.

D'ailleurs quand nous pouvons nous débarraſſer des chaines de ces préjugés pour nous livrer à notre raiſon, l'épaiſſe obſcurité qui nous environne nous fait retourner à ces principes que nous avions quittés ; la raiſon nous en avoit montré le ridicule, mais l'homme veut ſavoir qui il eſt, & ne veut pas douter, & dans ce déſir déréglé de ſe connoître, il imagine au lieu de raiſonner, les préjugés reviennent, aucune contradiction ne l'embarraſſe, il croit voir la lumiere, parce qu'il ſort de l'obſcurité pour rentrer dans les ténébres.

De tous les êtres qui exiſtent, aucun n'a un rapport plus intime avec l'homme que l'homme même. S'il veut ſavoir ſon origine, c'eſt lui qu'il doit interroger, il s'eſt apris qu'il étoit, & lui ſeul doit apprendre ce qu'il eſt, ſans aller chercher dans des ſources étrangeres une vérité dont le principe ne ſauroit être que dans ſon cœur.

Croyons après cela que tout ce qui regarde notre être ſera toûjours pour nous une énigme inſoluble.

La nature nous a donné la faculté de raisonner, raisonner c'est tirer des conséquences des principes ; mais la nature ne nous a pas instruits des principes ; on y a remedié, on en a fait, & pour vouloir pénétrer trop avant on s'est égaré. L'esprit trop foible pour les idées qu'il vouloit embrasser, n'en a conçû qu'une très-petite partie ; cépendant il a crû avoir tout vû, & qui pis est, il a raisonné en conséquence. De là, les contradictions qui se sont rencontrées dans toutes les suppositions que l'on a voulu établir ; & de là, ces disputes éternelles où chacun est forcé de succomber tour à tour comme si la vérité ne fixoit pas la victoire, au parti qui la soutient.

Ne cherchons point à trop savoir, & contentons-nous du peu de lumieres que la nature nous a donné, N'allons pas plus loin voir l'illusion fusion de tous les sistêmes, & en démêler les contradictions; après cela du seul principe qui nous soit connu, on n'a qu'à tirer quelques conséquences claires & nettes, & à se former de toutes ces idées une régle pour la conduite morale. Voila je crois, tout ce que l'homme peut prétendre; c'est peut-être trop peu pour sa vanité, mais c'est assez pour mettre l'amour propre en repos.

Toutes les religions partent de deux principes, savoir, la distinction de deux substances, l'une materielle, l'autre spirituelle & l'existence d'un Dieu. Je commencerai par examiner le premier de ces deux principes.

Quelle idée nous donne-t'on de l'ame? C'est dit-on, un être qui pense, rien de plus. Le corps est une portion de la matiere, & l'assemblage de ces deux êtres, forme ce que nous appellons un homme. Ainsi l'homme réunit en lui la faculté de l'intelligence, & les proprietés de la matiere comme étenduë divisible, susceptible de toutes les formes. Est-ce à dire qu'elle soit bornée à ces seules qualités, parce que ce sont les seules qu'elle nous laisse appercevoir ? Tous les jours elle nous découvre des proprietés jusqu'alors inconnuës; elle acquiert, pour ainsi dire de nouvelles qualités & paroît à nos yeux sous des formes dont nous ne la croyons pas susceptible. L'intelligence répugne-t'elle à l'étenduë, & si nos vûës sont bornées pouvons-nous en faire un titre pour borner ses proprietés. Il est un axiome convenu, c'est qu'il ne faut point multiplier les êtres sans nécessité. Si l'on conçoit que les opérations attribuées à l'esprit, peuvent être l'ouvrage de la matiere

matiere agissant par des ressorts inconnus, pourquoi imaginer un être inutile, & qui dès-lors ne résout aucune difficulté.

Il est aisé de voir que les proprietés de la matiere n'excluent point l'intelligence. Mais on n'imagine point comment un être qui n'a d'autres proprietés que l'intelligence pourra en faire usage. En effet cette substance qui n'aura aucune analogie à la matiere, comment pourra-t'elle l'appercevoir? Pour voir les choses il faut qu'elles fassent une impression sur nous, qu'il y ait quelque rapport entre elles & nous : or quel seroit ce rapport? Il ne pourroit venir que de l'intelligence, & c'est supposer ce qui est en question.

D'ailleurs qu'elle seroit l'union de ces deux substances? quel nœud les assembleroit? Comment le corps averti des sentimens de l'a-
me?

me ? Lui communiqueroit-il à son tour les impressions qu'il reçoit ? Cépendant ce n'est qu'à l'occasion de ces impressions que l'ame fait usage de son intelligence.

Pour que l'ame eut des idées, il devroit suffire qu'il fut des objets perceptibles, & qu'elle fut en état de les appercevoir.

Pourquoi donc faut-il qu'elle soit avertie par des organes materielles de ce qui se présente à la vûë ?

Qu'est-ce que l'intelligence ! C'est en suivant les notions génerales, la faculté de comprendre, c'est appercevoir les choses, & les appercevoir telles qu'elles sont. L'intelligence ainsi définie ne paroît pas susceptible de dégrés, puisqu'elle nous fait précisément appercevoir la vérité, & que la vérité est une. Elle devroit donc être de la même nature dans tous les hom-

hommes : pourquoi la voyons-nous si différente ? Elle ne devroit pas être sujette à l'erreur ; pourquoi errons-nous si souvent ?

Nos erreurs viennent toûjours d'un rapport que nous voyons entre deux idées, & qui n'y est pas, par exemple, lors que nous disons cette femme est belle, & que cépendant elle est laide ; notre erreur vient du rapport que nous voyons entre l'idée de cette femme & l'idée de la beauté. Or ce rapport est une idée, il devroit donc être une opération de l'intelligence ; mais l'intelligence voit les choses comme elles sont : elle ne peut appercevoir dans les objets que ce qui est. Cépendant pour avoir vû ce rapport, il faudroit qu'elle eut apperçû, ou dans l'idée de la femme, ou dans celle de la beauté quelque chose qui n'est n'eſt point, ce qui ne ſe peut, puiſque dès-lors elle ceſſeroit d'être l'intelligence.

Je ſais que l'on peut me répondre, que l'ame unie au corps, y eſt gênée & comme dans une priſon ; que cette gêne eſt la ſource de ſes erreurs qui ne proviennent pas d'elle, mais des organes materielles, & que ces organes étant différens dans tous les hommes, l'intelligence qui eſt par tout la même en effet, paroît parlà auſſi différente chez chacun d'eux, que réellement leurs organes reſpectifs ſont différens.

J'ai peine à concevoir comment un être, tel qu'on ſupoſe l'ame, pourroit être ſuſceptible d'ubication & pourroit exiſter reſpectivement à telles & telles portions de matiere, je conçois encore moins comment elle pourroit y être gênée, & comment cette gêne la conduiroit

conduiroit à l'erreur. Que l'ame ait une idée fausse, le vice de cette idée doit être ou dans l'objet apperçû, ou dans l'ame qui l'apperçoit, les organes ne peuvent certainement pas mettre ce vice dans l'objet apperçû ; il reste donc à examiner s'ils peuvent le mettre dans l'ame. Ils ne pourroient le faire qu'en agissant sur elle ; & quelle seroit cette action ? L'action de la matiere est le mouvement, & l'impression qu'elle peut faire sur un autre objet, est de lui communiquer ce mouvement : or l'ame n'est point susceptible de mouvement ; & d'ailleurs j'ai déja prouvé par la définition de l'intelligence qu'elle est incapable d'erreur & qu'une idée fausse ne sauroit être son ouvrage, puis que dès-lors elle cesse d'être intelligence.

Ainsi en suposant une substance intellectuelle unie à un corps materiel,

teriel, l'anéantissement de l'intelligence résulteroit de cette union. Il faut donc attribuer à la seule matiere les opérations que communément nous attribuons à une substance spirituelle, puis que cette substance en est incapable. Venons à présent à ce qui regarde l'éxistence d'un Dieu.

J'ai donné au commencement de ces réflexions des raisons assez plausibles de l'attachement que l'on avoit pour les préjugés de rélігion. L'existence d'un Dieu est le plus grand & le plus enraciné de ces préjugés, & je crois avoir découvert sa source. La matiere a toûjours été présente à nos yeux, & nous avons été toûjours trop curieux pour ne pas chercher à la connoître. L'amour propre souffroit trop à nous ignorer nous-mêmes, qui sommes toûjours avec nous, & qui parlà étions convain-

cus

cus à tous momens du peu d'étenduë de nos lumieres, nous nous sommes imaginés un Dieu Créateur, principe de toutes choses: il est bien vrai que nous ne comprenons pas mieux son origine que nous ne comprenons le notre, mais il est plus éloigné de nous, nous ne sommes pas obligés d'être toûjours avec lui comme nous sommes avec nous, & la vanité se sauve par là.

Tous les hommes se sont accordés sur le fond de cette idée, parce que le principe en est le même chez tous les hommes; & comme on n'a rien découvert dans la nature qui lui fut analogue, on a decidé que c'étoit une lumiere naturelle, on s'est fait une habitude de croire sans examiner; cépendant comme si la nature étoit différente chez les hommes, cette idée a variée chez les différentes nations.

L'ima-

L'imagination s'est joüée sur cette idée si respectable, sans s'appercevoir qu'elle se joüoit, & chaque peuple a crù être instruit par la nature lors qu'il prétoit à son Dieu les proprietés de la matiere qui étoit toûjours sous ses yeux, & les mouvemens de son cœur, qu'il éprouvoit à tout moment.

Examinons l'idée generale que l'on nous a donné de ce Dieu : c'est le maître absolu de toutes choses, c'est lui qui avec rien a fait le Ciel & la Terre ; un être infini & qui réünit dans un dégré infini toutes les perfections ; qui a fait les hommes, leur a prescrit des loix & leur a promit des peines & des récompenses.

Quelles contradictions n'implique pas cette idée, premierement : quand il seroit vrai qu'il fut Dieu, notre Créateur & notre

tre maître, pourquoi nous puniroit-il de l'infraction faite à ses loix? Pourquoi les prescrivoit-il? Si l'observation de ces loix est utile, ce Dieu raisonnable devoit nous donner les moyens de les observer, & nous ôter ceux de les enfreindre, si elle est inutile, ce Dieu juste ne devoit pas les prescrire.

On voit, suivant cette idée, un être sage agir sans motifs : après avoir, pour ainsi dire, été renfermé en lui-même pendant une éternité, il s'avise d'en sortir, & pourquoi? Pour exercer des ouvrages finis, indignes de lui & qui lui sont inutiles. C'est être l'intelligence & la sagesse même, ne sait pas ce qui lui est utile; ou ignore que sa puissance ne doit pas éclater en vain. Mais dira-t'on, c'est pour sa gloire qu'il a fait ses ouvrages. On seroit fort embarrassé de dire ce que seroit la gloire

gloire de Dieu par raport aux hommes; eſt-ce d'en être eſtimé, ou de faire éclater ſa puiſſance en créant l'univers? Lui qui eût pû faire ou produire des ouvrages infiniment plus parfaits. Mais je veux pour un moment que ce motif ſoit vallable, il l'auroit donc été de tout tems, la raiſon pour laquelle Dieu auroit créé l'univers étant auſſi ancienne que lui, l'univers devroit être de même date.

Je vais plus avant. Créer c'eſt faire qu'un être exiſte, qui n'exiſtoit pas auparavant: créer la matiere, c'étoit pour ainſi dire, la ſubſtituer au néant; pour que Dieu créa la matiere il falloit qu'il la connut, & comment connoître ce qui n'eſt point? Connoître quelque choſe, c'eſt en apercevoir les proprietés; le néant en a-t'il? Cépendant avant la création Dieu ſeul exiſtoit & le néant.

Etre est la source de toutes les proprietés, puisqu'il faut être avant d'être quelque chose. La matiere qui n'existoit point ne pouvoit donc pas être connu, & les idées de Dieu devoient se borner à lui-même, qui seul existoit.

Il est aisé de conclure de ces observations, que l'homme ne devant son existence à personne, est indépendant, mais il ne peut subsister seul, & la foiblesse de sa nature la obligé de renoncer à cet état d'indépendance : il a fallu qu'il cherchât d'autres hommes, & qu'il contractât en recevant leur secours, l'obligation de leur en donner de réciproques. C'est par cet espece de trafic de secours, que subsiste la société, elle est le fondement des loix qui ne sont toutes que des commentaires particuliers sur ce principe géneral. L'observation des loix dépend donc de ce seul principe,

principe, qu'il faut tenir les engagemens que l'on a contractés ; & ce principe à sa source dans notre cœur ; l'amour propre ne nous permet pas de tromper personne, il sent un honte secrette à manquer. C'est s'abaisser au dessous de celui qu'on trompe. En raisonnant sur ces principes, on verra que l'amour propre est toûjours honnête homme quand il veut s'écouter.

Ce n'est pas que cette morale ne fut dangereuse en géneral, elle n'est bonne à prêcher qu'aux honnêtes gens, & le peuple ne seroit pas arrêté parce sentiment délicat d'amour propre, mais est-ce la faute de la morale.

FIN.

LE PHILOSOPHE.

IL n'y a rien qui coûte moins à acquérir aujourd'hui que le nom de Philosophe : une vie obscure & retirée, quelques dehors de sagesse avec un peu de lecture suffisent pour attirer ce nom à des personnes qui s'en honorent sans le mériter.

D'autres qui ont eu la force de se défaire des préjugés de l'éducation en matiere de Religion se regardent comme les seules véritables Philosophes. Quelques lumieres naturelles de raison & quelques observations sur l'esprit & le cœur humain leur ont fait voir que nul être suprême n'exige de culte des hommes, que la multiplicité des

Religions, leur contrarieté, & les différens changemens qui arrivent en chacune sont une preuve sensible qu'il n'y en a jamais eu de révélée & que la Religion n'est qu'une passion humaine, comme l'amour, fille de l'admiration, de la crainte & de l'espérance: mais ils en sont demeurés à cette seule speculation, & s'en est assez aujourd'hui pour être reconnu Philosophe par un grand nombre de personnes.

Mais on doit avoir une idée plus vaste & plus juste du Philosophe, & voici le caractere que nous lui donnons.

Le Philosophe est une machine humaine comme un autre homme; mais c'est une machine qui par sa constitution mécanique, réfléchit sur ses mouvemens. Les autres hommes sont déterminés à agir sans sentir ni connoître les causes

ses qui les font mouvoir, sans même songer qu'il y en ait.

Le Philosophe au contraire, démêle les causes autant qu'il est en lui, & souvent même les prévient & se livre à elles avec connoissance : c'est une horloge qui se monte pour ainsi dire quelque fois elle-même. Ainsi il évite les objets qui peuvent lui causer des sentimens qui ne conviennent ni au bien être, ni à l'être raisonnable, & cherche ceux qui peuvent exciter en lui des affections convenables à l'état où il se trouve.

La raison est à l'égard du Philosophe, ce que la grace est à l'égard du Chrétien ; dans le sistême de Saint Augustin. La grace détermine le Chrétien à agir volontairement ; la raison détermine le Philosophe sans lui ôter le goût du volontaire.

Les autres hommes sont emportés

tés par leurs passions sans que les actions qu'ils font soit precedées de la réflexion ; ce sont des hommes qui marchent dans les ténébres, au lieu que le Philosophe dans ses passions même n'agit qu'après la réflexion ; il marche la nuit, mais il est précédé d'un flambeau.

Le Philosophe forme ses principes sur une infinité d'observations particulieres ; le Peuple adopte le principe sans penser aux observations qui l'ont produit : il croit que la maxime existe pour ainsi dire par elle-même ; mais le Philosophe prend la maxime dès sa source ; il en examine l'origine, il en connoît la propre valeur, & n'en fait que l'usage qui lui convient.

De cette connoissance que les principes ne naissent que des observations particulieres, le Philosophe

ſophe en conçoit de l'eſtime pour la ſcience des faits; il aime à s'inſtruire des détails & de tout ce qui ne ſe dévine point. Ainſi il regarde comme une maxime très-opposée au progrès des lumieres de l'eſprit, que de ſe borner à la ſeule méditation, & de croire que l'homme ne tire la vérité que de ſon propre fonds. Certains Métaphiſiciens diſent évitez les impreſſions des ſens? Laiſſez aux Hiſtoriens la connoiſſance des faits, & celle des langues aux Grammairiens? Nos Philoſophes au contraire perſuadés que toutes nos connoiſſances nous viennent des ſens, que nous ne nous ſommes fait des regles que ſur l'uniformité des impreſſions ſenſibles, que nous ſommes au bout de nos lumieres, quand nos ſens ne ſont ni aſſez déliés ni aſſez forts pour nous en fournir; convaincus que la ſource de nos
connoiſſances

connoiſſances eſt entiérement hors de nous, il nous exhortent à faire une ample proviſion d'idées, en nous livrant aux impreſſions extérieures des objets ; mais en nous y livrant en diſciple qui conſulte, & qui écoute & en maître qui décide & qui impoſe ſilence ; ils veulent que nous étudions l'impreſſion précise que chaque objet fait en nous, & que nous évitions de la confondre avec celles qu'un autre objet a causé.

De là la certitude & les bornes des connoiſſances humaines. Certitude : quand on ſent que l'on a reçû du dehors l'impreſſion propre & préciſe que chaque jugement ſuppoſe ; car tout jugement ſuppoſe une impreſſion extrérieure qui lui eſt particuliere. Bornes : quand on ne ſçauroit recevoir des impreſſions ou par la nature de l'objet ou par la foibleſſe de nos

organes :

organes : augmentez, s'il est possible la puissance des organes vous augmenterez les connoissances. Ce n'est que dépuis la découverte du Télescope & du Microscope qu'on a fait tant de progrès dans l'Astronomie & dans la Phisique.

C'est aussi pour augmenter le nombre de nos connoissances & de nos idées que nos Philosophes étudient les hommes d'autre fois & les hommes d'aujourd'hui.

Repandez-vous comme des abeilles, nous disent-ils, dans le monde passé & dans le monde présent, vous reviendrez ensuite dans votre ruche composer votre miel.

Le Philosophe s'applique à la connoissance de l'univers & de lui-même ; mais comme l'œil ne sçauroit se voir, le Philosophe connoît qu'il ne sçauroit se connoître parfaitement, puisqu'il ne sçauroit recevoir des impressions extérieures du dedans de lui-même & que nous ne connoissons rien que par de semblables impressions. Cette pensée n'a rien d'affligeant pour lui, parce qu'il se prend lui-même tel qu'il est, & non pas tel qu'il semble à l'imagination qu'il pourroit être. D'ailleurs cette ignorance n'est pas en lui une raison de décider, qu'il est composé de deux substances opposées : ainsi comme il ne se connoît pas parfaitement, il dit qu'il ne connoît pas comment il pense; mais comme il sent qu'il pense si dépendamment de tout lui-même, il reconnoît que sa substance est capable de penser de la même maniere qu'elle est capable d'entendre & de voir. La pensée est en l'homme un sens comme la vûë & l'oüie, dépendant également d'une constitution organi-

que.

que. L'air seul est capable de sons, le feu seul peut exister la chaleur, les yeux seuls peuvent voir, les seules oreilles peuvent entendre & la seule substance du cerveau est susceptible de pensées.

Que si les hommes ont tant de peine à unir l'idée de la pensée avec l'idée de l'étenduë, c'est qu'ils n'ont jamais vû d'étenduë penser. Ils sont à cet égard ce qu'un aveugle né est à l'égard des couleurs, un sourd de naissance à l'égard des sons; ceux-ci ne sçauroient unir ces idées avec l'étenduë qu'ils tâtent, parce qu'ils n'ont jamais vû cette union.

La vérité n'est pas pour le Philosophe une maîtresse qui corrompe son imagination, & qu'il croye trouver par tout. Il se contente de la pouvoir démêler où il peut l'appercevoir; il ne la confond point avec la vrai-semblance; il prend pour vrai ce qui est vrai, pour faux ce qui est faux, pour douteux ce qui est douteux, & pour vraisemblable ce qui n'est que vraisemblable. Il fait plus, & c'est ici une grande perfection du Philosophe; c'est que lors qu'il n'a point le motif propre pour juger, il sçait demeurer indéterminé. Chaque jugement, comme on a déja remarqué, suppose un motif extérieur qui doit l'exciter: le Philosophe sent quel doit être le motif propre du jugement qu'il doit porter. Si le motif manque, il ne juge point, il l'attend & se console quand il voit qu'il l'attendroit inutilement.

Le monde est plein de personnes d'esprit & de beaucoup d'esprit qui jugent toûjours, toûjours ils devinent, car c'est deviner que de juger sans sentir quand on a le motif propre du jugement; ils ignorent la portée de l'esprit humain : ils croyent qu'il peut tout connoître ; ainsi ils trouvent de la honte à ne point prononcer de jugement, & s'imaginent que l'esprit consiste à juger ; le Philosophe croit qu'il consiste à bien juger. Il est plus content de lui-même quand il a suspendu la faculté de se déterminer, que s'il étoit déterminé avant que d'avoir senti le motif propre de la décision. Ainsi il juge & parle moins ; mais il juge plus sûrement & parle mieux ; il n'évite point les traits vifs qui se présentent naturellement à l'esprit par un prompt assemblage d'idées qu'on est souvent étonné de voir unies. C'est dans cette prompte liaison que consiste ce que communément on appelle esprit. Mais aussi c'est ce qu'il recherche le moins, & il préfere à ce brillant le soin de bien distinguer ſes idées, d'en connoître la juſte étenduë & la liaiſon préciſe, & d'éviter de prendre le change en portant trop loin quelque rapport particulier que les idées ont entr'elles. C'eſt dans ce diſcernement que conſiſte ce qu'on appelle jugement & juſteſſe d'eſprit.

A cette juſteſſe joignent encore la ſoupleſſe & la netteté: le Philoſophe n'eſt pas tellement attaché à un ſiſtême qu'il ne ſente toute la force des objections. La plûpart des hommes ſont ſi fort livrés à leurs opinions qu'ils ne prennent pas ſeulement la peine de pénétrer celles des autres.

Le Philoſophe comprend le ſentiment qu'il rejette avec la même étenduë & la même netteté qu'il entend celui qu'il adopte.

L'eſprit Philoſophique eſt donc un eſprit d'obſervation & de juſteſſe qui rapporte tout à ſes véritables principes. Mais ce n'eſt pas l'eſprit ſeul que le Philoſophe cultive, il porte plus loin ſon attention & ſes ſoins.

L'homme n'eſt point un monſtre qui ne doive vivre que dans les abîmes de la Mer, ou dans le fond d'une forêt. Les ſeules néceſſités de la vie lui rendent le commerce des autres néceſſaire, & dans quelqu'état où il puiſſe ſe trouver, ſes beſoins & le bien être l'engagement à vivre en ſocieté. Ainſi la raiſon exige de lui qu'il connoiſſe, qu'il étudie & qu'il travaille à acquérir les qualités ſociables. Il eſt étonnant, que les hommes s'attachent ſi peu à tout ce qui eſt de pratique, & qu'ils s'échauffent ſi fort ſur de vaines ſpéculations. Voyez les déſordres que tant de differentes héréſies ont cauſés? Elles ont toûjours roulé ſur des points de théorie: tantôt il s'eſt agi du

nombre

nombre des Personnes de la Trinité & de leur émanation ; tantôt du nombre des Sacremens & de leur vertu ; tantôt de la nature & de la force de la grace ; que de guerres, que de troubles pour des chimeres ?

Le peuple Philosophe est sujet aux mêmes visions : que de disputes frivoles dans les écoles, que de livres sur de vaines questions ? un mot les décideroit, on feroit voir qu'elles sont indissolubles.

Une secte aujourd'hui fameuse reproche aux personnes d'érudition de négliger l'étude de leur propre esprit, pour charger leur mémoire de faits & de recherches sur l'antiquité, & nous reprochons aux uns & aux autres de négliger de se rendre aimables & de n'entrer pour rien dans la societé.

Notre Philosophe ne se croit pas en

en exil en ce monde; il ne croit point être en pays ennemi; il veut joüir en sage Econome des biens que la nature lui offre; il veut trouver du plaisir avec les autres, & pour en trouver il faut en faire. Ainsi il cherche à convenir à ceux avec qui le hazard ou son choix le font vivre, & il trouve en même temps ce qui lui convient: c'est un honnête homme qui veut plaire & se rendre utile.

La plûpart des grands à qui les dissipations ne laissent pas assez de temps pour méditer, sont féroces envers ceux qu'ils ne croyent pas leurs égaux.

Les Philosophes ordinaires qui méditent trop, ou plûtôt qui méditent mal le sont en vers tout le monde: ils fuïent les hommes, & les hommes les évitent.

Mais notre Philosophe qui sçait se partager entre la rétraite & le commerce des hommes, eſt plein d'humanité. * C'eſt le chrême de Terence qui ſent qu'il eſt homme & que la ſeule humanité intereſſe à la mauvaiſe ou à la bonne fortune de ſon voiſin.

Il ſeroit inutile de remarquer ici combien le Philoſophe eſt jaloux de tout ce qui s'appelle honneur & probité : c'eſt là ſon unique Religion.

La ſocieté civile eſt pour ainſi dire, la ſeule divinité qu'il reconnoiſſe ſur la terre ; il l'encenſe, il l'honore par la probité, par une attention exacte à ſes devoirs & par un déſir ſincere de n'en être pas un membre inutile ou embarraſſant.

Les ſentimens de probité entrent autant dans la conſtitution méchanique du Philoſophe que les

* Homo ſum, humani à me nihil alienum puto haeut : &c.

lumieres

lumieres de l'esprit. Plus vous trouverez de raison dans un homme, plus vous trouverez en lui de probité ? Au contraire où regne le phanatisme & la superstition régnent les passions & l'emportement. C'est le même tempérament occupé à des objets différens: Madelaine qui aime le monde, & Madelaine qui aime Dieu, c'est toûjours Madelaine qui aime.

Or ce qui fait l'honnête homme, ce n'est point d'agir par amour ou par haîne, par espérance ou par crainte.* C'est d'agir par esprit d'ordre ou par raison. Tel est le tempérament du Philosophe; or il n'y a guere à compter que sur les vertus de tempérament: confiez votre vin plûtôt à celui qui ne l'aime pas naturellement qu'à celui qui forme tous les jours de nouvelles

* Oderunt peccare boni, virtutis amore. Horat. L. 1. Epist. 16.

résolutions de ne s'en yvrer jamais.

Le dévot n'est honnête homme que par passion ; or les passions n'ont rien d'assuré : de plus le dévot, j'ose le dire, est dans l'abitude de n'être pas honnête homme par rapport à Dieu, parce qu'il est dans l'habitude de ne pas suivre exactement la régle.

La Réligion est si peu proportionnée à l'humanité que le plus juste fait des infidélités à Dieu sept fois par jour, c'est-à-dire, plusieurs fois. Les fréquentes confessions des plus pieux nous font voir dans leur cœur, selon leur maniere de penser, une vicissitude continuelle du bien & du mal : il suffit sur ce point qu'on croye être coupable, pour l'être.

Le combat éternel où l'homme succombe si souvent avec connoissance, forme en lui une habitude d'immoler d'immoler la vertu au vice ; il se familiarise à suivre son penchant, & à suivre des fautes dans l'espérance de se relever par le repentir. Quant on est si souvent infidele à Dieu, on se dispose insensiblement à l'être aux hommes.

D'ailleurs, le présent a toûjours eu plus de force sur l'esprit de l'homme que l'avenir: la Réligion ne retient les hommes que par un avenir que l'amour propre fait toûjours regarder dans un point de vûë fort éloigné. Le superstitieux se flatte sans cesse d'avoir le temps de réparer ses fautes, d'eviter les peines, & de mériter les récompenses : aussi l'expérience nous fait assez voir que le frain de la Réligion est bien foible. Malgré les fables que le Peuple croit du déluge du feu du Ciel tombé sur cinq Villes ; malgré les vives peintures des peines & récompenses éternelles ; malgré tant de ſermons & tant de prônes, le peuple eſt toûjours le même. La nature eſt plus forte que les chimeres : il ſemble qu'elle ſoit jalouſe de ſes droits ; elle ſe tire ſouvent des chaînes où l'aveugle ſuperſtition veut follement la contenir : le ſeul Philoſophe, qui ſçait en joüir, la régle par ſa raiſon.

Examinez tous ceux contre leſquels la juſtice humaine eſt obligée de ſe ſervir de ſon épée, vous trouverez ou des tempéramens ardens ou des eſprits peu éclairés & toûjours des ſuperſtitieux, ou des ignorans. Les paſſions tranquilles du Philoſophe peuvent bien le porter à la volupté; mais non pas au crime : ſa raiſon cultivée le guide & ne le conduit jamais au déſordre.

La ſuperſtition ne fait ſentir que foiblement combien il importe aux

hommes

hommes par rapport à leur intérêt présent de suivre les loix de la societé. Elle condamne même ceux qui ne les suivent que par ce motif, qu'elle appelle avec mépris, motif humain. Le chimérique est pour elle bien plus parfait que le naturel. Ainsi ses exhortations n'opérent que comme doit opérer une chimére ; elles troublent, elles épouventent ; mais quand la vivacité des images qu'elles ont produites est ralentie, que le feu passager de l'imagination est éteint, l'homme demeure sans lumiere abandonnée aux foiblesses de son temperament.

Notre sage, qui en n'espérant ni ne craignant rien après la mort, semble prendre un motif de plus d'être honnête homme pendant la vie, y gagne de la consistence, pour ainsi dire, & de la vivacité dans le motif qui le fait agir ; motif d'autant plus fort, qu'il est purement humain & naturel. Ce motif est la propre satisfaction qu'il trouve à être content de lui-même en suivant les régles de la probité ; motif que le superstitieux n'a qu'imparfaitement : car tout ce qu'il y a de bien en lui, il doit l'attribuer à la grace ; à ce motif se raporte encore un autre motif bien puissant, c'est le propre intérêt du sage, & un interêt présent & réel.

Séparez pour un moment le Philosophe de l'honnête homme ? Que lui reste-t'il ? La societé civile son unique Dieu l'abandonne, le voilà privé des plus douces satisfactions de la vie ; le voilà banni sans retour du commerce des honnêtes gens. Ainsi il lui importe bien plus qu'au reste des hommes de diposer tous ses ressorts à ne produire que des effets conformes

à

à l'idée de l'honnête homme : ne craignez pas que parce que personne n'a les yeux ſur lui , il s'abandonne à une action contraire à la probité ? Non cette action n'eſt point conforme à la diſpoſition mécanique du ſage : il eſt paitri pour ainſi dire , avec le levain de l'ordre & de la régle ; il eſt rempli des idées du bien de la ſocieté civile ; il en connoît les principes bien mieux que les autres hommes. Le crime trouveroit en lui trop d'opoſition ; il y auroit trop d'idées naturelles & trop d'idées acquiſes à détruire ſa faculté d'agir eſt pour ainſi dire comme une corde d'inſtrument de Muſique montée ſur un certain ton ; elle n'en ſçauroit produire un contraire. Il craint de ſe détonner , de ſe déſacorder d'avec lui-même ; & ceci me fait reſſouvenir de ce que Velleius, dit de Caton & D'utique.
Il

« Il n'a jamais fait de bonnes actions,
« dit-il, pour paroître les avoir
« faites; mais parce qu'il n'étoit
« pas en lui de faire autrement.

D'ailleurs dans toutes les actions que les hommes font ils ne cherchent que leurs propre satisfaction actuelle : c'est le bien ou plûtôt l'attrait présent, suivant la disposition mécanique où ils se trouvent qui les fait agir. Or pourquoi voulez-vous, parce que le Philosophe n'attend ni peine ni récompense après cette vie, il doive trouver un attrait présent qui le porte à vous tuer ou à vous tromper ? N'est-il pas au contraire plus disposé par ses réflexions à trouver plus d'attrait & de plaisir à vivre avec vous, à s'attirer votre confiance & votre estime, à s'acqui-

« Nunquam recte fecit ut facere videretur, sed qui aliter facere non poterat Veill. Lib. 2. Ch. 35.

ter

ter des devoirs de l'amitié & de la reconnoissance. Ces sentimens ne sont-ils pas dans le fond de l'homme, indépendamment de toute croyance? Encore un coup l'idée de malhonnête homme est autant opposée à l'idée de Philosophe, que l'est l'idée de stupide; & l'expérience fait voir tous les jours que plus on a raison, & de lumiere, plus on est sûr & propre pour le commerce de la vie [1. Un sot n'a pas assez d'étoffe pour être bon] On ne péche que parce que les lumieres sont moins foibles que la passion; & c'est une maxime de Théologie, vraie en un certain sens; que tout pécheur est ignorant.

2. Cet amour de la societé, si essentiel au Philosophe, fait voir combien est véritable la remarque

1. La Rochefoucault.

2. Omnis peccans est ignorans.

de

de l'Empereur Antonin « Que les « Peuples seront heureux quand « les Rois seront Philosophes, ou « quand les Philosophes seront « Rois.

Le superstitieux élevé aux grands emplois se regarde trop comme étranger sur la terre pour s'interesser véritablement aux autres hommes. Le mépris des grandeurs & des richesses, & les autres principes de la Réligion, malgré les interprétations qu'on a été obligé de leur donner, sont contraires à tout ce qui peut rendre un Empire heureux & florissant.

L'entendement que l'on captive sous le joug de la foi, devient incapable des grandes vûës que demande le Gouvernement, & qui sont si nécessaires pour les emplois publics. On fait croire aux superstitieux que c'est un être suprême qui l'a élevé au-dessus des autres : c'est c'eſt vers cet être & non vers le public que ſe tourne ſa reconnoiſſance.

Séduit par l'autorité que lui donne ſon état, & à laquelle les autres hommes ont bien voulu ſe ſoumettre, pour établir entr'eux un ordre certain, il ſe perſuade aiſément qu'il n'eſt dans l'élévation que pour ſon propre bonheur, & non pour travailler au bonheur des autres. Il ſe regarde comme la fin derniere de la dignité, qui dans le fond n'a d'autre objet que le bien de la république & des particuliers qui la compoſent.

J'entrerois volontiers ici dans un plus grand détail ; mais on ſent aſſez combien la république doit tirer plus d'utilité de ceux, qui élevés aux grandes places, ſont pleins des idées de l'ordre & du bien public & de tout ce qui s'appelle humanité, & il ſeroit à ſouhaiter

haiter qu'on en pût exclure tous ceux qui par le caractere de leur esprit ou par leur mauvaise éducation sont remplis d'autres sentimens.

* Le Philosophe est donc un honnête homme qui agit en tout par raison, & qui joint à un esprit de réflexion & de justesse les mœurs & les qualités sociables.

De cette idée il est aisé de conclure combien le sage insensible des Stoïciens est éloigné de la perfection de notre Philosophe. Nous voulons un homme, & leur sage n'étoit qu'un fantôme : ils rougissoient de l'humanité, & nous en faisons gloire ; nous voulons mettre les passions à profit ; nous voulons en faire un usage raisonnable, & par conséquent possible, & ils vouloient follement aneantir les passions, & nous abaisser audessous de notre nature par une in-

* Définition du Philosophe.

sensibilité

ſenſibilité chimérique. Les paſſions lient les hommes entr'eux, & c'eſt pour nous un doux plaiſir que cette liaiſon. Nous ne voulons ni détruire nos paſſions, ni en être tirannisés; mais nous voulons nous en ſervir & les régler.

On voit encore par tout ce que nous venons de dire, combien s'éloignent de la juſte idée du Philoſophe ces indolens, qui livrés à une méditation pareſſeuſe, négligent le ſoin de leurs affaires temporelles, & de tout ce qui s'apelle fortune. Le vrai Philoſophe n'eſt point tourmenté par l'ambition; † mais il veut avoir les douces commodités de la vie. Il lui faut outre le néceſſaire précis, un honnête ſuperflus néceſſaire à un honnête homme, & par lequel ſeul on eſt

† B. Vid. horat: Epiſt. 17. Lib. 1. omnis de cuit Ariſtipum color, & ſtatus & Res &c.

heureux:

heureux : c'eſt le fond des bienſéances & des agrémens.

La pauvreté nous prive du bien être, qui eſt le Paradis du Philoſophe : elle bannit loin de nous toutes les délicateſſes ſenſibles, & nous éloigne du commerce des honnêtes gens.

D'ailleurs, plus on a le cœur bien fait, plus on rencontre d'occaſions de ſouffrir de ſa miſere : tantôt c'eſt un plaiſir que vous ne ſçauriez faire à votre ami ; tantôt c'eſt une occaſion de lui être utile, dont vous ne ſçauriez profiter. Vous vous rendez juſtice au fond de votre cœur ; mais perſonne n'y pénetre ; & quant on connoîtroit votre bonne diſpoſition, n'eſt-ce point un mal de ne pouvoir la mettre au jour.

A la vérité nous n'eſtimons pas moins un Philoſophe pour être pauvre ; mais nous le banniſſons de notre

notre ſocieté, s'il ne travaille à ſe délivrer de ſa miſere. Ce n'eſt pas que nous craignons qu'il nous ſoit à charge : nous l'aiderons dans ſes beſoins ; mais nous ne croyons pas que l'indolence ſoit une vertu.

La plûpart des hommes, qui ſe font une fauſſe idée du Philoſophe, s'imaginent que le plus exact néceſſaire lui ſuffit : ce ſont les faux Philoſophes qui ont fait naître ce préjugé par leur indolence, & par des maximes éblouiſſantes, C'eſt toûjours le merveilleux qui corrompt le raiſonnable : il y a des ſentimens bas qui ravalent l'homme au-deſſous même de la pure animalité ; il y en a d'autres qui ſemblent l'élever audeſſus de lui-même. Nous condamnons également les uns & les autres, parce qu'ils ne conviennent point à l'homme. C'eſt corrompre la perfection d'un être que de ſe tirer hors

hors de ce qu'il eſt ſous prétexte même de l'élever.

J'aurois envie de finir par quelques autres préjugés ordinaires au peuple Philoſophe ; mais je ne veux point faire un livre. Qu'ils ſe détrompent. Ils en ont comme le reſte des hommes, & ſur tout en ce qui concerne la vie civile : délivrés de quelques erreurs dont les libertins même ſentent le foible & qui ne domine guére aujourd'hui que ſur le peuple, ſur les ignorans & ſur ceux qui n'ont pas eu le loiſir de la méditation, ils croyent avoir tout fait : mais s'ils ont travaillé ſur l'eſprit, qu'ils ſe ſouviennent qu'ils ont encore bien de l'ouvrage ſur ce qu'on apelle le cœur & ſur les ſciences des égards.

FIN.

ERRATA.

PAge 6. *l.* 6. annitrillé, *lisez* annitrillé. P. 11. *l.* 20. joint, *lisez* joüit. P. 16. *l.* 7. fort, *lisez* fol. P. 29. *l.* 21. en tirer, *lisez* tirer. P. 44. *l.* 6. & 7. *effacez* pour un critere certain. P. 47. *l.* 1. *effacez* acquescement. P. 53. *l.* 22. contentement, *lisez* consentement; *ibid* *l.* 23. & 24. effacez à des assentiment. P. 74. *l.* 12. & continué, *lisez* & ont continué. P. 84. *l.* 18. adore, *lisez* odore. P. 85. *l.* 16. de tems, *lisez* de tant de tems. P. 101. *l.* 6. quels, *lisez* que les. P. 104. *l.* 14. hommes, *lisez* honneurs. P. 108. *l.* 11. de flatter, *lisez* de se flatter. P. 117. *l.* 3. d'où, *lisez* donc. P. 128. *l.* 19. & 20. tous les deux, *lisez* toutes les deux. P. 131. *l.* 17. *effacez* &. P. 168. *l.* 17. c'est, *lisez* cet. P. 184. *l.* 9. joignent, *lisez* se joignent. P. 195. *l.* 16. après détruire, *mettez*. P. 197. *l.* 5. croyance, *lisez* croyance sur l'avenir; *ibid* *l.* 13. soi, *lisez* sou.

www.ingramcontent.com/pod-product-compliance
Ingram Content Group UK Ltd.
Pitfield, Milton Keynes, MK11 3LW, UK
UKHW020952230726
13923UKWH00007B/281